Família e...

Comunicação, Divórcio, Mudança,
Resiliência, Deficiência, Lei, Bioética,
Doença, Religião e Drogadição

CB013779

Ceneide Maria de Oliveira Cerveny

Organizadora

Família e...

Comunicação, Divórcio, Mudança,
Resiliência, Deficiência, Lei, Bioética,
Doença, Religião e Drogadição

© 2004, 2013 Casapsi Livraria e Editora Ltda.
É proibida a reprodução total ou parcial desta publicação, para qualquer finalidade, sem autorização por escrito dos editores.

1ª Edição
2004

1ª Reimpressão
2005

2ª Edição
2008

1ª Reimpressão
2013

Editor
Ingo Bernd Güntert

Gerente Editorial
Fabio Alves Melo

Produção Gráfica & Capa
Renata Vieira Nunes

Projeto de Capa
Alex Cerveny

Editoração Eletrônica
Renata Nunes

Preparação de texto
Adilson Miguel

Dados Internacionais de Catalogação na Publicação (CIP)
(Câmara Brasileira do Livro, SP, Brasil)

Família e -- : comunicação, divórcio, mudança, resiliência, deficiência, lei, bioética, doença, religião e drogadição / Ceneide Maria de Oliveira Cerveny, organizadora. -- São Paulo : Casa do Psicólogo®, 2013.

1ª reimpr. da 2. ed. de 2008.
Vários autores.
Bibliografia.

1. Família 2. Família - Aspectos psicológicos 3. Pais e filhos 4. Relacionamento interpessoal 5. Relações familiares I. Cerveny, Ceneide Maria de Oliveira.

11-11873   CDD-158.24

Índices para catálogo sistemático:
1. Família : Relacionamento : Psicologia aplicada 158.24

Impresso no Brasil
Printed in Brazil

As opiniões expressas neste livro, bem como seu conteúdo, são de responsabilidade de seus autores, não necessariamente correspondendo ao ponto de vista da editora.

Reservados todos os direitos de publicação em língua portuguesa à

Casapsi Livraria e Editora Ltda.
Rua Simão Álvares, 1020
Pinheiros • CEP 05417-020
São Paulo/SP – Brasil
Tel. Fax: (11) 3034-3600
www.casadopsicologo.com.br

Às nossas famílias!

Sumário

Prefácio 9

Apresentação 11

Capítulo 1
Família e comunicação 13
Ceneide Maria de Oliveira Cerveny

Capítulo 2
Família e divórcio 25
Eliana Riberti Nazareth

Capítulo 3
Família e mudança 39
Rosa Maria Pereira da Silva Vicente

Capítulo 4
Família e resiliência 53
Marilza T. Soares de Souza

Capítulo 5
Família e deficiência 85
Ângela Fortes de Almeida Prado

Capítulo 6
Família e lei 99
Evani Zambon Marques da Silva

Capítulo 7
Família e bioética 121
J. G. Furlan Gomes

Capítulo 8
Família e doença 147
Carmen Roberta Baldin Balieiro
Ceneide M. de Oliveira Cerveny

Capítulo 9
Família e religião 163
Claudia Bruscagin

Capítulo 10
Família e drogadição 187
Valéria Rocha Brasil

Prefácio

Família é um universo múltiplo e variado cuja complexidade permite um sem-número de olhares e reflexões.

Assim sendo, o Núcleo de Família e Comunidade do Programa de Estudos Pós-Graduados em Psicologia Clínica da PUC-SP, cujo objeto de estudo e pesquisa é a família, está propondo dar a público a produção contínua de seu corpo docente e discente em seus cursos semestrais, apresentando as variadas facetas da família nas mais diversas situações.

Com isso, espera contribuir para a produção e socialização do conhecimento acadêmico de alto nível que, desta forma, ganha os espaços da prática e, ao mesmo tempo que dá fundamentos para o exercício dessas práticas, contribui para o enriquecimento da discussão teórica, com as questões que surgem na realidade da pesquisa de campo ou dos consultórios.

Assim, recursivamente o Núcleo é produto e produtor do trabalho conjunto de professores, alunos e a comunidade interessada no tema família em nossa realidade. Coordenada pela Profa. Ceneide Maria de Oliveira Cerveny, essa coleção, em seu primeiro volume, traz assuntos palpitantes (família e comunicação, família e divórcio, família e doença, família e bioética, família e drogadição, família e resiliência, família e religião, família e mudança, família e deficiência, família e lei) para o público interessado em conhecer mais a respeito do universo família.

Profa. Dra. Rosa Maria S. de Macedo
Coordenadora do Núcleo de Família e Comunidade do Programa
de Estudos Pós-Graduados em Psicologia Clínica da PUCSP.

Apresentação

Família e... é produto da minha reflexão como docente, com mestrandos e doutorandos do Núcleo de Família e Comunidade (NUFAC) do Programa de Pós-Graduados em Psicologia Clínica da PUC-SP.

Todos nós pesquisamos, estudamos e estamos empenhados em conhecer a família sob diferentes aspectos. O que nos une é o desejo de produzir conhecimento que possa sair da sala de aula e do âmbito de discussão da academia e adentrar em outros recintos, com outras pessoas, para aumentar a reflexão sobre os problemas que atingem a família contemporânea.

Além desse desejo, o que nos impele ainda é a certeza de que na nossa realidade, a família sempre foi e continua sendo um valor muito grande e também a principal promotora da saúde emocional dos seus membros.

Se desejamos um futuro melhor para nós e nossos descendentes, é importante investir na família, e essa crença nos leva a pesquisar, descobrir novos caminhos e tentar dividir nossas inquietações e idéias.

Estamos conscientes das intensas transformações pelas quais a família de um modo geral está passando. As mudanças rápidas, os avanços tecnológicos, os novos modelos de vinculação, entre outros, requerem cada vez mais estudos e pesquisas que promovam ações eficazes relativas à saúde emocional dos indivíduos.

Os temas dessa coletânea são os de interesse de cada autor e pretendem ser, ou já foram, o seu objeto de pesquisa no NUFAC.

Assim, o leitor vai encontrar uma variedade de assuntos que se integram em torno do objeto de estudo comum que é a família.

Família e... se propõe, então, a ser um veículo para construir reflexões e idéias, expandir o conhecimento sobre a família, e, nesse sentido, os autores se sentirão gratificados em tê-lo como interlocutor.

Ceneide Maria de Oliveira Cerveny

Profa. Dra. do Núcleo de Família e Comunidade do Programa de Estudos Pós-Graduados em Psicologia Clínica da PUCSP

Capítulo 1

Família e comunicação

Ceneide Maria de Oliveira Cerveny[1]

A escolha desse tema para minhas reflexões está pautada em uma série de razões, e a primeira delas é que a idéia desta coletânea surgiu de uma disciplina ministrada por mim, no segundo semestre letivo de 2003, no Programa de estudos Pós-Graduados em Psicologia Clínica da PUC-SP, que versava sobre o estudo da comunicação em diferentes contextos. Não foi o primeiro curso sobre o tema que ministrei na universidade, e ao término de cada um deles o sentimento era de que o assunto não se esgotava, mas se ampliava cada vez mais.

Uma outra razão é que como psicoterapeuta, trabalhando com casais e famílias, posso assegurar que a maioria das queixas que levam as pessoas à terapia se refere à dificuldade na comunicação.

Indivíduos que não se sentem ouvidos ou entendidos, que não conseguem expressar seus sentimentos e desejos, que se submetem ou violentam por causa da comunicação, que se pautam mais pelo que não é dito, que não confiam nas palavras – são apenas alguns

---

1. Profa. Dra. do Núcleo de Família e Comunidade do Programa de Estudos Pós-Graduados em Psicologia Clínica da PUC-SP; terapeuta de família; coordenadora do curso de Terapia Comunitária do Cogeae/PUC-SP. E-mail: ceneide@uol.com.br

dos inúmeros exemplos de problemas de comunicação nas relações humanas.

Outro motivo da escolha é a minha tentativa de sistematizar as minhas próprias informações sobre esse assunto tão amplo e colocá-las para reflexões com outras pessoas, pois acredito em Maturana (2002) quando diz que "o mundo em que vivemos surge das comunicações que fazemos".

Meu ponto de partida para conversar sobre comunicação começa em 1948, quando Norbert Wiener, um engenheiro, cuja preocupação era otimizar o lançamento de obuses e bombas para o exército americano, lança um livro denominado Cybernetics, no qual apresenta um esquema de comunicação que na época chamou a atenção dos estudiosos do assunto. Wiener propunha que um emissor (E) envia uma mensagem (M) a um receptor (R), por meio de um canal (C) e forma-se então um sistema retroativo pelo *feedback* (FB).

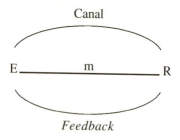

A entrada do *feedback* no esquema comunicacional abriu uma série de possibilidades que deu origem a importantes estudos na área.

Em 1949, Shannon, funcionário da empresa de telefonia americana Bell e aluno de Wiener, divulga sua Teoria Matemática de Comunicação com o seguinte esquema:

```
              C
    FI -------E-------------R--------D
              Ru
```

Shannon diz que uma fonte de informação (FI) produz uma mensagem que o emissor (E) transforma em sinais e, por meio de um canal (C), é enviada ao receptor (R) que a manda a um destino (D). Nesse canal pode acontecer a existência de ruídos que vez podem piorar a comunicação. O autor, com esse esquema linear adequado à comunicação por telefone, introduz a noção de ruído na comunicação.

Esses esquemas de comunicação inspiraram outros cientistas, entre eles o lingüista Jakobson, que em 1960 propôs outro esquema de comunicação que era o seguinte:

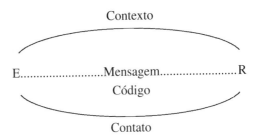

Jakobson considera em seu esquema que o emissor (E) envia uma mensagem mediante um código a um receptor (R) dentro de um contexto e por meio de um contato.

Durante muitos anos, venho usando em minhas aulas de Teoria da Comunicação um esquema derivado de Wiener, Shannon e Jakobson que é o seguinte:

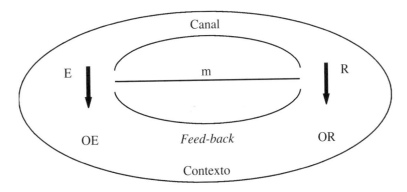

Para mim, um emissor (E) envia uma mensagem (M) a um receptor (R) por meio de um canal (C), havendo um *feedback* (FB). Quando essa mensagem vai do E para R ocorrem os obstáculos no nível do emissor (OE) que são constituídos por seus valores, julgamentos, crenças, experiências anteriores, estado emocional, etc., que fazem com que a M transmitida seja diferente da que se pretendia transmitir. Quando R recebe M, esta passa pelos obstáculos no nível do receptor (OR) que fazem com que ela também seja recebida de uma maneira particular (Cerveny, 1980).

Acho ainda que nenhum esquema de comunicação pode deixar de lado o contexto no qual a comunicação ocorre e o contato entre E e R.

Nesse sentido, é prioritário pensar em Watzlawick (1967) e em seus axiomas e quando diz que "um fato pode parecer inexplicável enquanto não se amplia o contexto onde o mesmo ocorre".

Os obstáculos (OR e OE) tanto no nível do emissor quanto do receptor abrangem uma série de ruídos na comunicação dos quais podemos destacar:

a) Em muitas ocasiões ouvimos aquilo que queremos ouvir e não o que realmente está sendo dito.

É muito comum na comunicação entre casais e dentro das famílias a ocorrência desse tipo de ruído. Quando um casamento não vai bem qualquer queixa pode ser ouvida como "vamos nos separar", o que pode ocasionar reações inusitadas no parceiro.

Nas famílias, as queixas dos filhos podem ser ouvidas de diferentes maneiras, dependendo do contexto e do contato dos pais com eles. Silêncios, choros, isolamento e agressões são mensagens que são recebidas com diferentes significados pelos diferentes membros de uma família.

b) Temos a tendência de ignorar informações – principalmente as novas – que entram em conflito com nossas crenças, opiniões e precondições.

Qualquer tipo de mudança pode causar desestabilização quando não temos flexibilidade. Sabemos que a família procura operar dentro de uma homeostase e, assim, fatos que vão colocar em risco esse equilíbrio são evitados e desconsiderados. É difícil, por exemplo, para uma família que se considera competente ter um membro com alguma limitação ou que foge ao script familiar.

c) Quando nos comunicamos, não estamos isentos de avaliar a fonte de onde vem a mensagem e também para quem vamos transmitir.

É muito comum ouvirmos a frase: "não adianta falar com fulano porque ele não vai entender mesmo".

Outro exemplo corriqueiro na família com crianças e adolescentes é que eles sempre sabem avaliar a fonte comunicadora quando se trata de obedecer ordens. Sabem se o pedido é mesmo "para valer" ou se vai ser esquecido logo mais como tantos outros. Nessa categoria também estão as promessas que nunca se cumprem, os segredos que não são guardados, e assim por diante.

d) Um mesmo fato pode comunicar coisas diferentes para diferentes pessoas.

Ver um membro da família sorrir, cantar ou chorar pode significar coisas diferentes para pais, irmãos e amigos.

e) Assim também, as mesmas palavras podem ter significados diferentes para as pessoas.

A palavra "logo" pode ter o sentido de alguns minutos, algumas horas ou de algumas semanas, dependendo de quem a diz. A expressão "assim que você puder", dita pela esposa ao marido, pode significar "quanto mais depressa melhor".

f) Enviamos e também recebemos comunicações que são paradoxais e contraditórias.

Existe uma frase classifica para ilustrar esse tipo de comunicação que é: "Seja espontâneo!" Algumas vezes os filhos costumam denunciar esse tipo de contradição, como por exemplo uma garota de 10 anos que diz aos pais: "Decidam se eu sou criança ou mocinha porque para ajudar em casa já sou uma moça e para ficar com meus amigos brincando no salão do prédio sou criança!".

Esse tipo de comunicação é bastante usual e muitas vezes não nos damos conta de que a usamos.

g) Temos linguagens especializadas que tornam nossos quadros de referência desiguais.

Vivemos em um mundo de especializações e a linguagem também acaba sofrendo essa especificação. As gírias, a internet, a mídia contribuem também para que nossos quadros de referência fiquem distanciados, e é importante termos a noção dessa diferença para nos ajustarmos às elocuções de nossos receptores.

h) Muitas vezes podemos ter comunicação verbal incoerente com a não verbal. Dizemos sim com a voz e não com a cabeça.

Observadores mais atentos podem com facilidade perceber o quanto nas nossas comunicações "escorregamos" nessa contradição. Às vezes ouço um "benzinho" sair de um rosto crispado de raiva de um membro do casal para o outro. Um bom exercício para treinar essa observação são os horários políticos nas vésperas das eleições. Candidatos que não têm assessoria de comunicação cometem as maiores incoerências entre o verbal e o não-verbal em seus discursos e propostas. Vale a pena conferir.

i) Não percebemos o momento oportuno para falar ou calar.

Perdemos inúmeras oportunidades de melhorar nossa comunicação quando não prestamos atenção, no nível do contexto e do contato, da hora apropriada de falarmos ou calarmos. Notícias que são anunciadas para a família, quando muitos membros já tinham conhecimento da mesma por outras vias, ou notícias que são prematuras demais ou sem fundamento podem ocasionar ruídos na comunicação.

j) Somos às vezes mais especialistas nas comunicações dos outros do que nas nossas próprias.

A experiência clínica com casais e famílias tem me mostrado que somos mais experts em reconhecer falhas na comunicação das pessoas que nos cercam do que na nossa. É comum ouvirmos "já sei o que ele (ela) quer dizer com isso" – atitude que leva a outros obstáculos descritos anteriormente, como não ouvir o que está sendo realmente dito, avaliar a fonte, e assim por diante.

Acredito que o leitor possa ampliar essa lista com suas vivências e experiências comunicacionais e acredito também que os OR e OE possam ser superados com alguns cuidados como:

Cenedie Maria de Oliveira Cerveny 19

1) utilizar o *feedback* para saber se nossas mensagens estão sendo adequadamente recebidas ou não;
2) conhecer, quando possível, os significados simbólicos de algumas comunicações que usamos;
3) procurar identificar nossos preconceitos;
4) fazer ajustamentos à elocução de nossos E e R, respeitando os diferentes contextos;
5) evitar as comunicações trianguladas e paralelas;
6) treinar a nossa capacidade de ouvir – geralmente somos mais estimulados a ser emissores do que receptores.

É importante frisar que OE e OR devem ser considerados dentro de um contexto, ou seja, é a experiência de cada um que dá o significado aos obstáculos.

Voltando outra vez no tempo, vamos para 1951, época em que Ruesch e Bateson publicam *Communication: the social matrix of psychiatry*. Essa obra aparece com a proposta de "conceitualizar os fatos interpessoais e psicoterapêuticos considerando o indivíduo dentro da estrutura de uma situação social". Para os autores, o paciente psiquiátrico só poderia ser entendido na matriz social, ou seja, no sistema formado pelo médico e pelo paciente, dentro de um sistema maior, o científico, e com a comunicação vinculando todos os sistemas. Assim, a comunicação é a matriz na qual estão encravadas todas as atividades humanas e, na prática, é a comunicação que relaciona os objetos com as pessoas e as pessoas entre si formando, os sistemas de comunicação. Além disso, o corpo todo é um emissor e receptor de comunicação. Diz Ruesch:

> *A comunicação não se refere somente à transmissão verbal, explícita e intencional de uma mensagem; tal como nós utilizamos, o conceito de comunicação inclui todos os processos por meio dos quais as pessoas se influenciam mutuamente. O leitor perceberá que essa definição está baseada na premissa de que todas as ações e acontecimentos adquirem aspectos comunicativos tão logo são percebidos por um ser humano* (Ruesch & Bateson, 1965, p.11).

20 Capítulo 1. Família e comunicação

Logo adiante Ruesch diz que o leitor pode perguntar: "Então, o que não é comunicação?" A resposta a essa pergunta pode ser dada pelo enunciado do primeiro axioma da comunicação proposto por Watzlawick, Beavin e Jackson em 1967 no livro *Pragmática da comunicação humana.*

O primeiro axioma é: *não se pode não comunicar.*

Os autores partem do princípio de que o comportamento não tem oposto e não existe um "não-comportamento". Assim, se todo o comportamento na situação interacional tem o valor de mensagem, acredita-se que o indivíduo, por mais que se esforce, não pode não comunicar. Dizem eles:

> *Atividade ou inatividade, palavras ou silêncio, tudo possui valor de mensagem, influencia outros, e estes outros que, por sua vez, não podem não responder a essas comunicações estão, portanto, comunicando também. Deve ficar claramente entendido que a mera ausência de falar ou de observar não constitui exceção ao que acabamos de dizer. Tampouco podemos afirmar que a* comunicação *só acontece quando é intencional, consciente e bem sucedida, isto é, quando ocorre uma compreensão mútua* (1973, p. 45).

Quando estamos atendendo um casal ou família, ou mesmo em nossas ações do cotidiano, vemos quão verdadeiro é esse axioma. Muitas vezes o silêncio, como no dito popular, vale mais que mil palavras, e os silêncios são diferentes dependendo do contexto. O amuo adolescente, o silêncio da dor, a quietude de um momento feliz, o não saber o que dizer necessitam ser compreendidos em suas particularidades.

O segundo axioma diz: *toda comunicação tem um aspecto de conteúdo e um de relação tal que o segundo classifica o primeiro.*

Para os autores isso equivale a dizer que "uma comunicação não só transmite informação, mas, ao mesmo tempo, impõe um comportamento" (p. 47).

Numa família, por exemplo, um conteúdo comunicacional simples do tipo "estou cansada", transmitido pela mãe, vai chegar de maneira diferente para o pai que chegou tarde e para cada um dos filhos, pois existe o aspecto relacional interferindo na mensagem.

O terceiro axioma afirma que *a natureza de uma relação está na contingência da pontuação das seqüências de eventos entre os comunicantes.*

Os autores não classificam as seqüências como boas ou ruins, mas chamam a atenção para a sua existência e para como elas definem as relações entre as pessoas. Por exemplo, quando em uma família perguntamos algo a um filho e este olha imediatamente para a mãe ou quando pedimos algo para a mãe e ela olha para o marido, estamos diante de seqüências que muitas vezes não são percebidas pelas pessoas que estão se comunicando.

Vários autores da terapia familiar se preocuparam com as seqüências na comunicação e, em 1986, Breulin e Schwartz estudaram a repetição desse tipo de interação e propuseram uma estrutura conceitual que ajudaria o entendimento das seqüências no nível temporal. Assim, criaram uma classificação das seqüências.

As S1 que seriam aqueles padrões de interação que durariam de segundos até uma hora. O exemplo que demos acima seria de uma S1.

As S2 são as seqüências que se dão entre um dia e até uma semana. Um exemplo cotidiano seria as seqüências de comunicação em uma família resolvendo o programa de fim de semana: o pai sempre quer ir ao clube, o filho quer ficar na casa de um amigo e a mãe gostaria de ir visitar familiares, e a cada sexta-feira o diálogo se repete.

As S3 variam de algumas semanas até um ano, e o exemplo poderia ser a mesma família resolvendo o impasse de onde passar o Natal e o Ano Novo.

A S4 são as seqüências que se repetem de geração em geração.

O quarto axioma diz que *os indivíduos se comunicam de maneira digital e analógica.*

Poderíamos dizer que as pessoas se comunicam pelo verbal (digital) e pelo não-verbal (analógico), sendo que o não-verbal inclui mais do que simplesmente o corporal, pois abrange tom de voz, inflexões, expressões faciais, postura, gestos, vestuário, entre outros.

Capítulo 1. Família e comunicação

A incoerência entre essas duas formas de comunicação foi bastante explorada no tratamento com esquizofrênicos que eram sensíveis a esse tipo de contradição.

A comunicação digital transmite mais o aspecto do conteúdo e tem um grau maior de complexidade, versatilidade e abstração. Permite correções e controle, como por exemplo o uso do *mas*, quando percebemos pelo *feedback* que o receptor recebeu mal a comunicação.

A comunicação analógica é mais espontânea e não permite correções, e os especialistas asseguram que tem mais credibilidade que a digital.

Watzlawick e Weakland (1977) a esse respeito dizem:

> *A comunicação é, pois, um processo social permanente que integra múltiplos modelos de comportamento: a palavra, o gesto, o olhar, a mímica, o espaço interindividual, etc. Não se trata de estabelecer uma oposição entre a comunicação verbal e a "comunicação não-verbal": a comunicação é um todo integrado* (em Winkin, 1982, p. 23).

O último e quinto axioma têm o seguinte enunciado: *todas as permutas comunicacionais são simétricas ou complementares, segundo se baseiem na igualdade ou na diferença.*

Poderíamos dizer que se um indivíduo reflete o comportamento do outro, a interação é simétrica, e se complementa o comportamento do outro, a interação é complementar.

Um exemplo comum são as interações de casais em que vemos muitas similaridades e de outros em que a diferença é o que complementa. Dificilmente encontraremos só simetria ou só complementaridade no casal, mas ambas as modalidades de interação estão presentes, com preponderância de uma ou outra, dependendo do contexto e da situação.

Uma patologia derivada desse axioma, e descrita por Watzlawick, Beavin e Jackson, é a *escalada simétrica*. Muito comum em família e casais, ela se caracteriza por uma competitividade na relação simétrica em que alguém diz algo que é rebatido por seu interlocutor, que por sua vez aciona outra resposta que vai aumentando de intensidade, como num pingue-pongue que atinge níveis de grande conflito. A escalada só termina quando um dos interlocutores interrompe a seqüência, mas é uma patologia que arranha sensivelmente a relação e que pode tornar-se um modelo de interação freqüente.

No âmbito da terapia da família, a comunicação passa a ser objeto de muitos estudos, a partir dos trabalhos dos pioneiros já citados. Não teria como arrolar neste espaço todos os autores que se preocuparam com o assunto trazendo inúmeras e importantes contribuições.

Vou viajar para o ano de 1995, para fazer referência a um texto de Tom Andersen, publicado na revista Sistemas Familiares em abril de 1996. O artigo denomina-se "A linguagem é poderosa e pode ser perigosa" e discute algumas pré-concepções da linguagem, trazendo idéias de Piaget, Vygotsky, Gadamer e Wittgenstein, colocando-nos diante de uma visão pós-moderna em relação à comunicação. Andersen diz que a linguagem é transmitida por nossas vozes internas e externas e cita Bakhtin, que afirma *"somos as vozes que nos habitam"*.

Andersen acredita que as palavras não só informam, mas formam os significados que influem na nossa maneira de viver e perceber o mundo, e, nesse sentido, a linguagem é algo muito pessoal. Para ele, ao falarmos, também nos ouvimos, e as palavras tocam-nos física e emocionalmente, e, sendo assim, as palavras não são inocentes. Seu texto traz importantes reflexões sobre a linguagem assim como também a obra de Marilene Grandesso, *Sobre a reconstrução do significado: uma análise epistemológica e hermenêutica da prática clínica,* publicada em 2000 pela Casa do Psicólogo, que permitirá ao leitor se aprofundar numa leitura pós-moderna da comunicação e da linguagem.

A sensação que temos nesse final de conversa é de que falamos sobre o óbvio e que não conseguiremos nunca esgotar o tema comunicação. Temos também a consciência de que o dialogo é um dos maiores objetivos que a família contemporânea pretende alcançar. Nossas pesquisas sobre a família comprovam que esse desejo é uma realidade e existe o sonho de que o diálogo possa trazer a melhoria das relações familiares.

Bibliografia

ANDERSEN, T. "El lenguaje es poderoso y puede ser peligroso". *Sistemas Familiares*. Abr., 1996, Buenos Aires.

CERVENY, C. M. O. *Comunicação pessoal*. 1980.

CERVENY, C. M. O. *A família como modelo: desconstruindo a patologia*. Campinas, Livro Pleno, 2001.

MATURANA, H. *Emoções e linguagem na educação e na política*. Belo Horizonte: Ed. UFMG, 3ª ed., 2002 (original publicado em 1998).

RUESCH, J. & BATESON, G. *Comunicación: la matriz social de la psiquiatría*. Buenos Aires, Paidos, 1965.

WATZLAWICK, P.; BEAVIN, J.; JACKSON, D. *Pragmática da comunicação humana*. São Paulo, Cultrix, 1967.

WINKIN, Y. (Selección e introducción) *La nueva Comunicación*. Barcelona, Kairos, 1982.

Capítulo 2

Família e divórcio

Eliana Riberti Nazareth[1]

Sentimos que, mesmo que todas as possíveis questões científicas fossem respondidas, nossos problemas vitais não teriam sido tocados.
Ludwig Wittgenstein, **Tratactus Logico-Philosophicus**

Transformação

Uma separação não acaba com a família, mas a transforma. Tal afirmativa contraria o mito mantido e alimentado por séculos de que casamento e família são estruturas indissociáveis entre si e, portanto, desfazendo-se o casamento, desfaz-se a família.

Porém, as mudanças sociais têm evidenciado – ainda que a duras penas para os que as experimentam diretamente – que família

---

1. Psicanalista, terapeuta de família e de casal e mediadora; mestranda em Psicologia Clínica na PUC-SP; vice-presidente do CEREMA (Centro de Referência em Mediação e Arbitragem); coordenadora do Projeto de implantação dos escritórios de mediação comunitária nos Centros de Integração e Cidadania (CIC) do Estado de São Paulo; membro do IBDFAM/SP; membro do Fórum Mundial de Mediação; participante da comissão de redação da Versão Consensuada do Projeto de Lei de Mediação. E-mail: elianazareth@sbpsp.org.br

não é resultado apenas de casamento, como este não é estrutura de uma única faceta. Ambos são, ao contrário, arcabouços multifacetados, nos quais cabem inúmeras conformações de relações de parceria, que variam de acordo com a época histórica, o contexto social, econômico e psicológico, etc.

Pretendo aqui trazer algumas reflexões a respeito das transformações que observamos atualmente a respeito do mais antigo e intrigante agrupamento humano que talvez possam, se não "tocar", colaborar para a compreensão de alguns de nossos problemas vitais.

Modificação e divórcio

O que deixa de existir após o divórcio[2] é a família nos moldes anteriores à separação, isto é, usualmente no modelo mais conhecido: pai, mãe e filhos reunidos. Passa a existir, a partir da separação, uma nova configuração familiar. A estrutura do sistema muda, podendo até, mulher e homem recasarem-se, mas a família enquanto organização mantém-se. As atribuições dos pais, ainda que separados, permanecem. O compromisso dos filhos permanece. A responsabilidade de todos pela qualidade da relação afetiva, mesmo que proporcional às idades, funções e hierarquia dos membros, permanece O que se desfaz é o casal. Em outras palavras, a conjugalidade rompe-se, porém a parentalidade e a tutelaridade persistem. Ou deveriam persistir.

Em outro artigo (Nazareth, 1997), examino a articulação e desdobramento desses três aspectos em relação a uma das conseqüências da separação, que é a guarda de filhos.

De acordo com Perez (1987), dentro da trama familiar, o casal adulto, unido pelo matrimônio ou em união estável, assume uma totalização de funções que pode ser discernida em três grandes campos ou aspectos: o conjugal, o parental e o tutelar.

---

2. Divórcio e separação são termos aqui usados indistintamente, significando o desfazimento da união entre parceiros em geral.

Ao aspecto conjugal da família se refere todo o interjogo da sexualidade genital da família, o qual só se produz entre o casal de pais. Está proibido pelo tabu do incesto qualquer intercâmbio entre indivíduos de gerações diferentes ou de mesma geração que não sejam os pais, quer dizer, entre irmãos ou entre pais e filhos. O aspecto conjugal é um vínculo simétrico regulado por dinâmicas particulares e exclusivas. É terreno extenso e propiciador, por um lado, de construção, desenvolvimento, elaboração e crescimento humano, mas, por outro, pode vir a se transformar em palco de lutas, rivalidades e rixas. É nesse lugar privilegiado que se armam as precondições necessárias para o desenrolar dos outros dois aspectos mencionados. Da evolução satisfatória da maturidade sexual física e psíquica irá depender a adequada arquitetura do projeto familiar.

O aspecto parental da família é requerido para o exercício das funções paterno-maternas propostas para a resolução das demandas somáticas e emocionais com o objetivo de permitir que os filhos obtenham a maturação física e psíquica. É um vínculo assimétrico que propulsiona e sustenta o crescimento e o desenvolvimento. Permite a metabolização emocional e é responsável pelos processos de humanização e individuação.

O aspecto tutelar refere-se àquelas funções que a família exerce cujo destino é a contenção, sustentação e preservação de todo o grupo familiar, tanto em cada um dos seus momentos evolutivos, como em seu transcorrer no tempo. É função do aspecto tutelar levar a nave familiar a bom porto. Trata-se da preservação não só dos filhos, mas também dos pais. É cuidar da família como organização.

Em uma separação há a dissolução concreta da conjugalidade e da tutelaridade partilhada, devendo-se manter a parentalidade e a tutelaridade, ainda que exercidas isoladamente por cada um dos pais. É atribuição de ambos os pais, e logo dos filhos também, zelar pela permanência das relações de afeto.

Parece que, quando isso não ocorre, dão-se alterações nos domínios que Maturana e Varela (1995), denominaram de domínio de mudanças destrutivas, em que "as mudanças estruturais causam per-

Capítulo 2. Família e divórcio

da da organização da unidade que, portanto, desaparece como unidade de uma certa classe", e de domínio de interações destrutivas, que se refere às "interações que resultam numa mudança destrutiva" (p. 133). De acordo com esses autores, tais domínios estão presentes não só nos sistemas artificiais, mas também nos seres vivos e nos sistemas sociais. Desse modo, podemos pensar que, quando um ou mais indivíduos que compõem o grupo familiar, e/ou o próprio grupo familiar como um todo, não agüentam ou não suportam fazer as modificações necessárias, pode haver após a separação a dissolução das relações de afeto, ou deterioração dos vínculos com a transformação dos afetos positivos antes existentes em negativos. Nesse caso a permanência dos mencionados aspectos não se dá e a ruptura da conjugalidade se sobrepõe e invade os outros campos da família.

Muitos fatores podem estar presentes na dificuldade de se produzir as transformações necessárias. Indivíduos com personalidades mais rígidas e sistemas inflexíveis, por exemplo, apresentam inércia maior. Expectativas sociais dadas pela ação das representações de normas sociais designadas impõem um ritmo não raro letárgico de absorção das modificações da família. Martinez, explicando o conceito forjado por Pichón-Rivière, compreende tais representações como:

> um imaginário social dado por idéias, imagens e estereótipos, isto é, representações simbólicas compartilhadas sobre o significado conceitual e pragmático de qualquer papel a exercer. Tal imaginário se fixa no que a sociedade designa ao indivíduo no decorrer da história, depositando nele um acúmulo de representações simbólicas, compartilhadas com certa homogeneidade pelas pessoas da época histórica de que se trata. O decorrente é o legado sociocultural depositado no indivíduo em forma de normas éticas e morais, princípios, conhecimentos, imagens estereotipadas, idéias, etc., através da família e da sociedade. Por sua parte, o sujeito como depositário acata e faz seu o depositado, mediante uma série de representações cognitivas, com as quais

se implica emocionalmente e age em conseqüência. No decorrer de sua vida o sujeito a incorpora com adaptações pessoais, se convertendo no assumido, o qual mantém estreita relação com o fixado. Esta relação não resulta nem linear nem direta, é produto da mediação exercida pelas adaptações individuais surgidas, em ocasiões, por inconformismos pessoais com a norma social que impera, e em outras, por possuir fortes modelos contrários, antagônicos ou à margem do que é socioculturalmente imposto (1999, pp. 4-5).

Tais condições – expectativas sociais, por um lado, e características de personalidade e possibilidade de elaboração mental, por outro – fazem com que alterações no nível das relações não se dêem de maneira concomitante às modificações no nível psíquico das emoções e dos afetos. A dissonância entre as duas dimensões do viver – intra e intersubjetiva – está muitas vezes na base do sofrimento que observamos nas famílias de "separandos" ou recém-separados. Não à toa descrevem-se essas famílias como "famílias em crise".

Relações de afeto em transformação

A cultura não dá abrigo emocional aos "separandos".

Em "Marital alternatives: extended groups in modern society", Constantine e Constantine (1976), nos trazem interessantes observações a respeito da família atual e como ela – sobretudo nos Estados Unidos, lugar onde os autores realizaram seus estudos – há muito deixou de ser, se é que algum dia foi, uma estrutura monolítica e monogâmica para assumir contornos cada vez mais semelhantes aos da família estendida, que se espalha horizontalmente, com ex-parceiros e amigos fazendo o papel de agregados, compondo muitas vezes o que Stoller propõe como "rede íntima". Apesar de a família estar afrouxando suas fronteiras, ainda

30 Capítulo 2. Família e divórcio

os casos que de alguma maneira não se enquadram no modelo mitológico de casamento tendem a ser vistos como exceções irritantes, patologias, ou problemas que devem ser resolvidos sem que o contexto seja levado em consideração. [...] A assunção de que o casamento significa algo específico e uma constante para todas as pessoas e por todos os tempos está tão entranhada na nossa cultura que influencia as atitudes dos profissionais de família, as estruturas de suas teorias e o curso do tratamento que empregam (Constantine & Constantine, 1976, pp. 53-54).

Assim, temos como algo comum o engano de se pensar que por causa de uma separação conjugal não existe mais família; que devido ao rompimento dos cânones da modernidade, que apregoam modelos de casamentos frutos das tradições sociais, o divórcio desorganizaria a família a tal ponto que poderia fazê-la desaparecer.

Na verdade, o título do livro de Elizabeth Roudinesco, *A família em desordem*, a meu ver traduz melhor o atual fenômeno que observamos na sociedade: em desordem sim, pois não encontra, ainda, nomeação apropriada na ordem social e no imaginário das pessoas.

Despojado dos ornamentos de sua antiga sacralidade, o casamento, em constante declínio, tornou-se um modo de conjugalidade afetiva pelo qual os cônjuges – que às vezes escolhem não ser pais – se protegem dos eventuais atos perniciosos de suas respectivas famílias ou das desordens do mundo exterior. É tardio, festivo, ou útil, e freqüentemente precedido de um período de união livre, de concubinato ou de experiências múltiplas de vida comum ou solitária (2002, p. 197).

Roudinesco nos deixa entrever sem, no entanto, aprofundar o outro lado dessa orientação pós-moderna de aceitação, às vezes sem limites, de tudo e de todos: o risco de idealização das novas configurações relacionais como espaços nos quais só há lugar para a realização, prazer e felicidade.

Ou, como pondera Lobo, ao se referir ao pensamento de Bauman, sociólogo estudioso da pós-modernidade:

> *(Bauman) sugere o termo "multirredes" para denotar a complexidade da sociedade pós-moderna. Prefere falar, hoje, em modernidade líquida para defini-la. Por que "líquida"? Para demonstrar a continuidade com a modernidade capitalista, em que tudo "o que é sólido desmancha no ar". O que Bauman quer dizer é que estamos em uma fase "fluida" da vida social, em parte nebulosa e indefinida, mas de extraordinária mobilidade, leveza, e que não pode suportar, como os fluidos, "uma força tangencial ou deformante quando imóveis". Pergunta ele: "A modernidade não foi um processo de 'liquefação' desde o começo?" Fluidez é uma qualidade dos gases e líquidos e é sob estas formas (metafóricas) que a sociedade capitalista sobrevive atualmente (2004, p. 9).*

Como decorrência dessa "fluidez", em que conceitos, valores e comportamentos se expandem e perdem seus contornos, há também a tendência a se idealizar as ditas "uniões livres" (fluidas?) e as "separações livres" (fluidas?).

Se a corrente social moderna conservadora emparelha, quase equipara, casamento[3] e família, a pós-moderna tende a desfazer todos os liames entre essas instituições podendo afrouxar e abrandar demais as intensas ligações emocionais que levam os indivíduos a se aproximar e a se unir, ou, o que é pior, a dar a impressão de que essas ligações não são intensas e necessárias, ou que são inexistentes. Descaracterizar as profundas constelações emocionais conscientes e inconscientes subjacentes à busca humana de parceria e toda a ansiedade a ela imanente é não levar em conta a complexidade do ser humano e querer inseri-lo na categoria do efêmero. Seriam as uniões tão livres? E o que dizer das separações?

---

3. Casamento como a união entre duas pessoas que tenham por objetivo construir um projeto afetivo comum.

Efeitos e estágios da separação conjugal

Engano pensar que o divórcio não tem repercussões. Tem, e muito singulares, específicas e mais extensas do que se supunha, por exemplo, na década de 80. Nem poderia ser diferente. Uma união tem grandes repercussões no indivíduo e no meio que o cerca. A separação, por via de conseqüência, também.

Os clínicos em sua prática cotidiana têm a oportunidade de observar, qual etólogos do humano, as transformações que advêm dessas mudanças de estado muito mais de perto que os teóricos, e no imediato da experiência.

A partir dos anos 80 começa a surgir com vigor a idéia de que o divórcio era a saída para uma relação infeliz. Com os movimentos sociais de valorização da realização individual, com a independência econômica, social e pessoal cada vez maior da mulher e outros fatores, o número de separações aumentou vertiginosamente.

Hoje, vários anos depois, como comprovam as pesquisas, vê-se que, o que se pretendia com o divórcio – isto é, maior e melhor realização pessoal e individuação – nem sempre acontece. Pelo menos não como conseqüência direta – ou seja, relação infeliz levando ao divórcio que, por sua vez, leva à felicidade.

Toda separação tem conseqüências que provocam muita turbulência em todos os envolvidos. Mesmo aquelas separações desejadas, as que ocorrem depois de anos de insatisfação e sofrimento, trazem, ao lado da sensação de alívio decorrente de algo penoso que se acaba, sentimentos intensos de solidão, vazio e raiva, caracterizando um estado que se costuma chamar de síndrome pós-divórcio.

Pesquisar como se dá a escolha do parceiro, suas motivações conscientes e inconscientes, e investigar os ciclos vitais pelos quais passa um casal e uma família têm sido a tônica dos estudiosos da família.

Todavia, observar e compreender os estágios pelos quais passam os casais e famílias que enfrentam uma separação conjugal é fundamental para conhecer alguns elementos presentes nesse processo e, desse modo, poder apreciar os recursos de que dispõe a família modificada pelo divórcio.

O período de separação é bastante longo e compreende não só a separação propriamente dita, mas todo o tempo que vem antes, com o pensamento e a vontade cada vez mais intensos, usualmente de um dos cônjuges, de se separar, passando pelo divórcio, até a fase posterior, quando as pessoas conseguem, finalmente, refazer e reequilibrar as suas vidas.

Para quem quer se divorciar há sempre a esperança de que o novo estado traga um alívio e uma realização que não havia anteriormente. E para quem não quer, há o medo de não conseguir sobreviver só. Esses dois pólos de sentimentos – a saber, a expectativa de satisfação e o medo – são bases importantes para outros sentimentos que, por seu turno, definem os estágios de uma separação.

Os estágios são os mesmos, porém mudam os ritmos de cada um, isto é, o tempo que cada pessoa leva para elaborar a separação.

Estudos mostram que quem toma a iniciativa, já começa o processo de desligamento dois anos antes de propor a separação. Estudos também mostram que o período pós-separação é mais difícil para as mulheres, porém elas se recuperam antes que os homens (Wallerstein & Blakeslee, 1996).

Assim ambos, homem e mulher, atravessam as mesmas fases e estágios, com pequenas diferenças, como examinaremos a seguir.

Fase aguda

Essa fase inclui a insatisfação de um ou dos dois parceiros com a relação.

Observam-se aqui sentimentos ambivalentes e uma alternância maior de medo, culpa e raiva. Medo de ficar só, culpa por querer sair do casamento, raiva do parceiro que não é capaz de garantir felicidade, e assim por diante.

Há a ameaça ou o pré-aviso, usualmente de um dos cônjuges, que exprime sua insatisfação. O casamento não é necessariamente

34 Capítulo 2. Família e divórcio

colocado em cheque, mas surgem a instabilidade e a insegurança e a vida em comum é questionada.

Os cônjuges podem ou não ter uma relação paralela e o desligamento pode ser visível e conversado ou implícito e velado. É uma etapa crucial do divórcio em que se apresentam dificuldades de ordem emocional, financeira, de organização e social.

Lévesque (1988), citando o estudo longitudinal sobre as causas do divórcio, de Kelly e Gigy (1992), nos anos 1980, revela que o afastamento progressivo e a perda de intimidade são os elementos mais citados pelos 437 entrevistados. Vêm antes mesmo da insatisfação sexual, do alcoolismo ou da drogadição.

Fase transitória – separação propriamente dita

É quando a relação se desfaz.

Uma vez que a realidade é inescapável, um sentimento de perda substitui a raiva que se transforma em depressão. Para quem quer a separação, o medo do desconhecido é menor. No entanto, quem pede a separação pode sentir que está abandonando a família, o que pode lhe trazer culpa e remorso por decidir sair do casamento. Para quem não quer a separação, os sentimentos de rejeição e abandono são intensos, o que pode provocar depressão e isolamento. É uma fase muito difícil e trabalhosa, e demanda esforço de todos: pais e filhos.

As crianças ficam perdidas, achando que os pais vão se reconciliar. Essa esperança se dá devido a vários fatores. Como uma separação é freqüentemente precedida por várias outras, os filhos tendem a achar que se trata somente de mais uma crise e que os pais voltarão a ficar juntos; as crianças e os adolescentes têm muita saudade daquele que não mais vive com eles, desejando o tempo todo que o pai ou a mãe volte para casa; há em suas mentes o forte desejo de ver os pais juntos.

Wallerstein e Blakeslee (1996) mostram que mudanças importantes ocorrem nesse período. Há a necessidade de se reestruturar quase tudo na vida. Entre outras coisas, há a saída de um dos pais, às vezes há a mudança de casa e de escola, o que leva a perdas de amigos e de vizinhança. Sobretudo a mãe passa a trabalhar mais, ou começa a trabalhar, e se ausenta de casa. Há a diminuição do padrão econômico, com o empobrecimento geral da família.

Nas crianças, essas conturbações em seu ambiente físico provocam insegurança e incerteza quanto ao que pode acontecer em suas vidas, o que fortalece ainda mais os sentimentos de solidão, rejeição e mágoa.

Para os adultos, esse estágio estimula diversos sentimentos e reações extremamente instáveis e nem sempre coerentes entre si.

Pais, mães e filhos, todos passam por turbulências.

Uma das práticas que têm minimizado os efeitos do afastamento de pais e filhos é a da guarda compartilhada.

Fase do ajuste

Aos poucos, com a aceitação de que a decisão é irreversível e inevitável e de que o cônjuge é na verdade um ex-cônjuge, surge a possibilidade de um novo começo e de sentimentos de apego a uma nova pessoa. Só então as feridas cicatrizam.

Considerações finais

Como vimos, uma separação conjugal apresenta alto nível de complexidade. Provoca as maiores e mais profundas turbulências emocionais.

Porém, malgrado os esforços de alguns, tem-se atribuído à separação o risco de pôr um fim à família.

O processo de separação constitui um sistema não-linear e, como a teoria do caos nos ensina, sistemas não-lineares, entre outras características, apresentam dependência das condições iniciais. Uma cadeia de eventos tem pontos críticos nos quais pequenas intervenções podem ter grande influência.

Em outras palavras, se nos aproximarmos prática e teoricamente de maneira diferente das famílias em processo de separação, elas, possivelmente, apresentarão comportamento e resultados diferentes. Haverá, quem sabe, espaços de significação compartilhados mais flexíveis e continentes para a intrincada rede de emoções que daí emergem.

Nosso sucesso como humanos, seres psicológicos que somos, está em poder conviver com a dor e com o conflito. Está em poder manejar e aprender a apreciar as diferenças em vez de negá-las. Está em poder viver e estruturar relações cada vez mais pautadas pelo afeto e cada vez menos organizadas por modelos impostos.

Talvez só desse modo possamos passar a ver o divórcio como uma transformação.

Bibliografia

CONSTANTINE, L. & CONSTANTINE, J. "Marital alternatives: extended groups in modern society". In: GRUNEBAUM, H. & CHRIST, J. (Orgs.). *Contemporary marriage: structure, dynamics and therapy.* Boston, Little, Brown and Company, 1976.

LÉVESQUE, J. *Médiation familiale.* Québec, Edisem, Inc., 1998.

LOBO, R. "Psicanálise e pós-modernidade". *Sociedade Brasileira de Psicanálise de São Paulo.* São Paulo. Trabalho apresentado na reunião científica de 20 de março de 2004.

MARTINEZ, N. Z. *O papel da paternidade e a padrectomia pós-divórcio.* 1999. Disponível no site: www.apase.org.br. Acessado em maio de 2003.

MATURANA, H. & VARELLA, F. *A árvore do conhecimento.* São Paulo, Editorial Psy II, 1995.

Eliana Riberti Nazareth

NAZARETH, E. R. "Com quem fico, com papai ou com mamãe? Considerações sobre a guarda compartilhada. Contribuições da psicanálise ao direito de família e ciências humanas". *Cadernos de Estudos, nº 1*. São Paulo, Jurídica Brasileira, 1997.

PARKINSON, L. *Family mediation*. London, Sweet and Maxwell, 1997.

PERES, A. "Grupo familiar, matriz del psiquismo". Conferência proferida no *I Congresso Argentino de Psicanálise de Família e de Casal*. Buenos Aires, Asociación Argentina de Psicología y Psicoterapia de Grupo, Asociación Escuela Argentina de Psicoterapia para Graduados, Asociación Psicoanalítica Argentina e Asociación Psicoanalítica de Buenos Aires, 1987.

ROUDINESCO, E. *A família em desordem*. Rio de Janeiro, Jorge Zahar Editor, 2002.

WALLERSTEIN, J. S. & BLAKESLEE, S. *Second chances, men, women and children, a decade after divorce*. Boston, Houghton Mifflin Company, 1996.

Capítulo 3

Família e mudança

Rosa Maria Pereira da Silva Vicente[1]

Este artigo é escrito num momento pessoal de mudanças importantes na minha vida. Escrevê-lo é uma tarefa que implica desafio e alegria, ao mesmo tempo. O prazer de escrever a respeito de um processo no qual se está inserido resulta do ganho que se pode avaliar diante de situações vividas, ao mesmo tempo em que novas possibilidades de ação, como a descoberta da competência, me possibilita escrever e querer contribuir para o trabalho de outros profissionais.

Vivendo a experiência de soltar minha filha mais velha para sua própria vida, convivendo com suas escolhas, nem sempre de acordo com o que tínhamos combinado nos anos de sua infância, renegociando acordos dentro do casamento e ajudando meu filho mais novo a alçar seu próprio vôo, a lidar com seu crescimento físico e emocional – assim me encontro, em meio a mudanças na família em que vivo e cresço.

O assunto família e mudança propicia várias leituras possíveis de um binômio inseparável – relações pessoais e um período de tem-

---

1. Psicóloga clínica com especialização em Terapia Familiar e de Casal pela PUC-SP; mestranda no Núcleo de Família e Comunidade do Programa de Estudos Pós-Graduados em Psicologia Clínica na PUC-SP. E-mail: rosavic@terra.com.br

Capítulo 3. Família e mudança

po que circunscreve uma história, que é móvel, dentro de uma cultura e de uma sociedade em transformação, que revê seus hábitos e costumes.

Mudar implica movimento, mexer-se, mover-se, desinstalar-se, sair de um lugar de conforto para um outro lugar percebido como assustador, em certa medida, por representar perguntas sem respostas imediatas.

Os sentimentos são dinamizados por movimentos através do tempo, como o astronauta no espaço sem gravidade. A gravidade está na crença de quem se lança no processo de mudança, mantendo algum grau de estabilidade no processo de flutuação à deriva, devido à flexibilidade das crenças e definições dos lugares de cada um dos envolvidos nesse processo.

A família muda porque cresce ou cresce porque muda? Talvez as duas coisas ocorram ao mesmo tempo para que um movimento de busca de respostas úteis aconteça, frente aos desafios encontrados nas relações familiares.

O olhar atual para identificar os processos relacionais dentro de uma família requer mudanças nas crenças, quebra de paradigmas, novas lentes para a percepção do caleidoscópio que enfoca comportamentos de pais e filhos.

O terapeuta também se encontra em processo de mudança enquanto revê sua pratica de trabalho, uma vez que o pensamento científico inclui a incerteza como parte da verificação dos fenômenos que se propõe estudar.

> *O planejamento de ações implica colocar em jogo as visões que se tenha acerca de mudança e suas condições de possibilidades nas ações, no tempo, assim como na concepção acerca do papel daqueles que planejam a construção do futuro desejado* (Schnitman, 1996, p. 292).

O encontro de pessoas que carregam ideologias fortemente construídas, ou seja, com uma grande dose de certezas, sugere condições de trocas que solicitam negociações a partir de discussões. Assim, a construção de novas realidades é dificultada porque há reações contrárias à existência de dúvidas, incertezas e desconhecimentos.

Quais tipos de diálogos e palavras sugerem o aparecimento de alternativas? Como as famílias procuram e criam escolhas que conduzam a mudanças?

O papel do profissional pode ser definido como o de promotor da exploração de novas alternativas, como construtor de contextos e de contextos em contextos.

> *A principal razão por que as pessoas buscam auxílio em psicoterapia é o desejo de melhorar seu futuro* (Erickson em Watzlawick et al., 1973, p. 10).

A busca de ajuda para conseguir um futuro com maior grau de conforto para o sofrimento presente, com uma grande dose de esperança e criatividade, é o ingrediente presente na demanda dos que buscam a terapia.

Como manter abertos os processos e, ao mesmo tempo, permitir que os desenhos se estabilizem? Como inserir permanência na instabilidade das relações construídas?

O significado da palavra família mudou muito e ainda não há um novo acordo entre os teóricos quanto a sua definição conceitual.

O ciclo de vida familiar está em mudança, a história da vida em família, que se desenvolve através dos acontecimentos, está marcada por perdas e ganhos, recebe a influência do tempo presente. As mudanças mais dramáticas são devidas a fatores como baixa incidência na taxa de novos nascimentos, aumento da longevidade, expectativa de vida aumentada com qualidade e lugar importante para o idoso, papel da mulher em mudança, grande número de divórcios e casamentos, aumento no número de pais e mães solteiros, casais morando juntos sem oficialização do casamento, adoções por pessoas solteiras, aumento de casais e famílias homossexuais.

42   Capítulo 3. Família e mudança

O papel da mulher em mutação circunscreve uma situação na qual, apesar de ter saído de casa para buscar sua identidade profissional, ela ainda ocupa o cargo de fornecedora oficial de cuidados da família. O seu lugar tem sido o de se responsabilizar pelo suporte emocional para todos os outros membros da família, em todos os estágios da vida familiar.

Os homens também mudaram seus papéis. Atualmente estão envolvidos nos papeis que antes eram prioritariamente da mulher: nos cuidados com as crianças e na ideologia de que a igualdade na distribuição do trabalho, dentro e fora de casa, faz bem ao casal.

De acordo com Gillis,

> *se a história tem algo a nos ensinar é que nenhuma forma de família jamais foi capaz de satisfazer as necessidades humanas de amor, conforto e segurança... Devemos manter nossa cultura familiar diversificada, fluida, não resolvida, aberta para entrada de todos os que tenham uma influência em seus futuros. Nossos rituais, mitos e imagens devem, portanto, estar abertos a revisão constante, sem nunca permitir que sejam submetidos a quaisquer pensamentos ortodoxos ou sirvam aos interesses de qualquer classe, gênero ou geração. Devemos reconhecer que famílias são mundos que nós mesmos fabricamos e aceitar a responsabilidade por nossas criações* (em Carter & McGoldrick, 1999, p. 15).

Segundo Cerveny (1994), as histórias familiares têm como escrever seus fatos de maneira diferente, de uma geração em relação à outra. O passado, em certa medida, oferece orientação para o futuro quanto às mudanças de padrões relacionais. Podemos refletir sobre nossa prática de trabalho terapêutico desse ponto de vista, enfocando nossa própria história de vida e também profissional.

Mudança no terapeuta

Os terapeutas familiares estão numa posição de ajuda às famílias e suas configurações, deixando para trás imagens desgastadas e selos de garantia do que seria aceito como conceito de uma vida boa. Envolver-se com a realidade que está sendo construída pelos membros da família e ajudá-los a funcionar e evoluir são tarefas do terapeuta. Primeiro é claro, teremos que trabalhar isso em nossas vidas e nos encontros com outros colegas.

Eliminar os modelos, as expectativas e os padrões conhecidos de relações sociais, para ver o que funciona hoje, tem a ver com a formação atual do terapeuta.

Devemos deixar para trás o pensamento de que crises transicionais sejam patologias ou traumas permanentes, tirar de nosso vocabulário palavras e conceitos que nos liguem a normas e preconceitos do passado como: "lares desfeitos", "lares sem pais", "filhos do divórcio", "filhos fora do casamento" e "mães que trabalham".

Considerando a posição do terapeuta em estágio de transição, alguns indícios já conhecidos nos indicam momentos de intervenção terapêutica ao longo do tempo, dados esses sugeridos pela demanda de nossos clientes, que funcionam como pontos organizadores para nossa ação.

Oportunidades e acontecimentos propulsores de mudança na família

Nascimento de um filho, um novo membro na família

Uma nova etapa na vida familiar começa com o aumento do número de seus membros e esse acontecimento dispara mudanças na rotina da vida do casal. No caso do primeiro filho, muda o papel social dos

44   Capítulo 3. Família e mudança

pais, pressupõe modificações nas responsabilidades e competências dos adultos provedores da sobrevivência e cuidados com a criança.

As questões culturais de gênero entram no jogo das negociações com vistas às dificuldades advindas da administração do tempo de dedicação às tarefas envolvidas nessa mudança.

As relações com as famílias de origem do casal também passam por negociações hierárquicas de poder e competência, para a manutenção ou substituição de tradições nos hábitos e costumes educacionais presentes nas gerações anteriores. Mitos, crenças e rituais entram no processo de mudança para que um acordo entre os envolvidos possa decidir sobre a tradição a ser mantida ou modificada.

Agora é a hora de inventar uma nova dança e contradança nas relações do casal.

> *Esta é a hora de se estabelecerem as características e os limites dos novos papéis a serem desempenhados por cada um dos membros da família, e muitas são as demandas da nova situação* (Cerveny, 1994, p. 48).

Fase adolescente e processos de emancipação

O sistema familiar passa por uma etapa de transformação intensa, com alguma dose de ansiedade e sofrimento em função de um crescimento experimentado como repentino, pelos envolvidos. Porém, essa etapa do desenvolvimento da família é muito importante, para que apareça o exercício das negociações e de novos formatos nas relações.

Um processo necessário aos pais é o de conseguir uma aprendizagem gradual de relações com os filhos como adultos, enquanto aprendem, ensinam também, à medida que apresentam alguns comportamentos como modelos ou não, permitindo que os filhos saiam para encontrar novas possibilidades de construção para suas atitudes.

Deixar a casa paterna, de forma concreta ou não, implica em mudança. Quais as dimensões e possibilidades das relações envolvidas?

As tendências para a mudança e para a estabilidade coexistem de forma a enriquecer os processos presentes nesse momento que desafia a família a entrar em equilíbrio e desequilíbrio simultâneos, para continuar seu processo de emancipação e crescimento.

Algumas dessas mudanças são mais difíceis de elaborar do que outras, em função da necessidade de previsibilidade, da organização de experiências e da definição de papéis e lugares na família. Alguns modelos de relações familiares de hierarquia, por exemplo, tendem a ser repetidos através das gerações como forma de preservar alguns comportamentos conhecidos por todos os envolvidos, para manter a experiência de controle dos processos relacionais atingidos por mudanças importantes.

Mudança geográfica

A família é um sistema que se move através do tempo. As pessoas que estão inseridas na família compartilham uma história e um futuro, num contexto emocional de pelo menos três até cinco gerações que são unidas por laços consangüíneos, legais e históricos.

Valorizar os desafios da nova cultura, lidar com os conflitos entre os costumes do país ou da região de origem é uma forma de se mover através de um espaço físico que cria um movimento de formação e rompimento de vínculos de trabalho, dos grupos sociais e da família de origem em caso de migrações sem retorno.

Há necessidade de formar a rede relacional, como forma de suportar a separação da rede que se deixou para trás, e, para conseguir uma adaptação possível depois das perdas importantes inerentes ao processo migratório.

Mudanças de trabalho ou desemprego

O contexto sócio econômico atual possibilita o aparecimento de novas profissões e funções produtivas e também permite que a insegurança e a instabilidade financeira assombrem as famílias.

46   Capítulo 3. Família e mudança

O desemprego aparece como uma possibilidade de retomada das conquistas e dificuldades no exercício de uma profissão. O processo de redefinição do papel do provedor esbarra nas questões culturais de gênero, ao mesmo tempo em que facilita a inserção do desempregado nas funções familiares cotidianas, como o cuidado da casa e dos filhos.

A insegurança presente nas relações familiares reflete a insegurança econômica da provisão dos recursos à sobrevivência da família. Quando a mudança de emprego tem por conseqüência uma mudança territorial, os desafios presentes são maiores.

As crenças e formas de ver o mundo, que estão presentes na família, influenciam as atitudes por meio das transições do ciclo vital, que também está num contexto mais amplo de acontecimentos próprios, numa etapa histórica do mundo que o cerca. As mudanças verificadas numa organização familiar durante o período de guerra ou durante catástrofes têm características diferentes daquelas verificadas quando da saída das mulheres para o mercado de trabalho, por exemplo.

As influências dos acontecimentos culturais e históricos permitem diferentes escolhas de orientações dentro das famílias para o enfrentamento de suas dificuldades.

Mudança na constelação familiar

No tempo presente, século XXI, as mudanças são mais rápidas e a velocidade de informações cria novas exigências de respostas às demandas nas relações sociais e familiares. A própria constituição familiar vai criando um novo desenho nas relações de gênero, autoridade e poder, provisão de cuidados às crianças e aos idosos. Questões como longevidade, infertilidade, recasamento e uniões homossexuais estáveis implicam novos acordos e posições de papéis na família. Sugerem também uma mudança da ação do terapeuta, como cuidador e auxiliar na construção de novos contextos nos quais essas relações acontecem.

Novas formas de casamento ou contrato conjugal têm aparecido em decorrência de mudanças na forma de relacionamento entre os casais.

Os novos acordos que surgem a partir de casamentos sucessivos trazem um efeito complicador quando o numero de pessoas envolvidas é maior.

O nível de estresse presente na elaboração de um novo código de condutas nas relações de lealdade, localização territorial, definições e redefinições de papéis poderá ajudar a definir o grau de satisfação ou desconforto dos envolvidos nessa modalidade familiar que surge com os recasamentos.

Conferir legitimidade às possibilidades das habilidades de organização presentes na família é uma forma de ajudá-la a resgatar seu funcionamento. As famílias poderão construir os ajustes necessários para enfrentar e suportar suas demandas de fatores estressores.

A visão do terapeuta também ajudará na aquisição de organização e flexibilidade no sistema familiar, por exemplo, encarando uma dificuldade escolar de uma criança cujos pais reconstruíram a relação conjugal com outros parceiros como reação necessária para uma nova organização de seus pertences materiais (quais roupas na casa de quem, quais hábitos permanecem, quais horários para dormir e alimentar-se serão mantidos ou modificados).

Inclusão de novos elementos na família

O processo de adaptação de um novo membro na família pode ser um fator complicador ou facilitador das relações familiares. As adoções de novos membros poderão ocorrer por diferentes razões: contratação de um novo empregado, adoção de um sobrinho órfão ou reorganização familiar causada pelo recasamento dos pais.

Aspectos importantes como a comunicação na família em ajustes de vocabulários e combinações de regras de convivência, acomodação a novas situações de espaço (dividir o quarto com alguém) e busca de soluções conjuntas para estabelecer mudanças de hábitos

48 Capítulo 3. Família e mudança

necessitam da atenção e da flexibilidade da família contemporânea e do profissional que se disponha a acompanhá-la.

Ajudar a construir uma opção de viver regras tradicionais ou resolver o confronto entre os costumes anteriores ao atual papel de cada um dos envolvidos pode ser um trabalho importante do terapeuta familiar.

As convicções do terapeuta e seus valores também entram em movimento para que novas possibilidades de intervenção aconteçam, para que seu olhar e sua escuta sejam desprovidos de preconceitos diante de dúvidas próprias de quem se depara com o novo.

À medida que novas realidades possam ser construídas em contextos de conversações, o profissional poderá conseguir grandes aquisições para seu vocabulário, por meio das mudanças recorrentes propostas por uma nova forma de trabalho e da compreensão das relações nas quais esteja inserido. Embora os discursos possam parecer familiares e baseados em referencias mais conhecidas, nada se repete como cópia dos modelos que um dia serviram de base para uma intervenção que parecia ser uniforme e aplicável a todos os modelos de relações pessoais.

Aparecimento de doença grave

O grau de desorganização familiar decorrente de uma doença grave em um dos membros é muito grande e todos os envolvidos enfrentam a ameaça de morte, juntos.

Surgem necessidades decorrentes de uma situação que não foi escolhida por quem vai lidar com elas, redefinição dos papéis e funções na família, reorganização ou desorganização do espaço físico e mudança do cuidador.

O isolamento social e funcional causado por surgimento de doença grave cria uma sobrecarga no sistema familiar quanto aos aspectos de cuidados e relacionamentos.

Modificações na rotina e convívio com limites maiores necessários a provisão dos cuidados para com o doente são aspectos importantes na nova situação. A perda da função sexual e do papel de cônjuge e o convívio com uma ameaça de perda constante de um ente querido são fatores estressantes quando aparece uma doença grave ou crônica na família.

No caso de cura ou sobrevida com qualidade, há seqüelas para todos e, nesse caso, será de grande ajuda um auxilio na redefinição do episódio vivido. O resgate do significado da vida e da importância de sobreviver para recuperar o conforto perdido se faz necessário.

A flexibilidade na reorganização dos papéis e a possibilidade de reabilitação permitem ao sistema reconhecer sua competência para enfrentar diversidades.

Os relatos de mulheres que têm câncer de mama, por exemplo, indicam um novo compromisso com os familiares e com elas próprias no sentido de resgatar seu desejo, o prazer de viver e a vontade de se cuidar mais, permitindo aos outros membros da família a experiência de competência para prover o bem-estar deles mesmos. Algumas aprenderam a impor limites e a fazer sua vontade. Retomaram o comando de seu próprio caminho e permitiram que outros membros da família crescessem com elas.

Morte de um membro da família

Os processos de luto na família são vividos com uma carga de sofrimento intensa que muitas vezes persiste por longos períodos de tempo. A mudança drástica pode trazer conseqüências que complicam ainda mais o funcionamento familiar.

Os movimentos observados são os de tentar recuperar a configuração anterior à morte, tentando que alguém tome as funções do morto ou tentando substituí-lo.

Os rituais religiosos podem ser de grande auxílio na tentativa de se integrar a experiência da morte.

Enfrentar a perda e as vivencias emocionais que afloram nessa situação são aspectos importantes na recuperação da família. É importante avaliar o grau de permissão para expressar a dor e falar sobre a experiência.

É necessário conseguir uma reação para poder aceitar novos parâmetros de segurança, com a finalidade de reduzir o estresse e o medo de buscar uma rede de apoio fora da família para ressignificar a perda. Esses são os pontos básicos para auxiliar as pessoas enlutadas que tiveram suas vidas modificadas pela morte.

Considerações finais

A vida inclui mudanças importantes e necessárias, e, no processo de viver, a renovação é parte fundamental. Portanto, considerar esse processo que nos move e comove é decisivo para um trabalho terapêutico relevante.

Mudança se opõe aos conceitos de permanência e convicção. Persistência e rigidez de comportamentos são processos disparados frente ao novo e ao desconhecido. A convicção e a certeza aprisionam o pensamento e impedem a mobilidade que implica em riscos e novas descobertas de possibilidades de enfrentar dificuldades e crescimento.

A ação do terapeuta familiar diante das demandas do seu tempo tem uma conotação de acompanhamento e facilitação na mobilização dos recursos próprios dos indivíduos envolvidos com suas "dores do crescimento".

Ainda que, diante de um sofrimento, esse terapeuta suponha já o ter visto e vivido em outros contextos, a ação requerida em cada etapa do seu trabalho deverá incluir uma mudança de direção para alcançar o significado do evento com que se propõe a trabalhar junto àqueles que estão imprimindo um sentido histórico a uma experiência vivida.

Bibliografia

CARTER, E. & McGOLDRICK, M. *The expanded family life cycle: individual, family and social perspectives*. Boston, Allyn and Bacon, 1999.

CERVENY, C. M. O. *A família como modelo*. Campinas, Editorial Psy II, 1994.

FALICOV, C. J. (Comp.) *Transiciones de la familia*. Buenos Aires, Amorrortu, 1988.

SCHNITMAN, D. F. (Org.). *Novos paradigmas, cultura e subjetividade*. Porto Alegre, Artes Médicas, 1996.

WATZLAWICK, P.; WEAKLAND, J.; FISH, R. *Mudança*. São Paulo, Cultrix, 1973.

Capítulo 4

Família e resiliência

Marilza T. Soares de Souza[1]

Segundo a sabedoria milenar chinesa, a palavra crise é formada por dois ideogramas: perigo e oportunidade. O ideograma é antigo, mas seu significado nunca esteve tão atual. E é esse duplo significado que permeia este trabalho e que melhor introduz o leitor à compreensão do significado de resiliência familiar. O termo resiliência, originário da física, significa "propriedade pela qual a energia armazenada em um corpo deformado é devolvida quando cessa a tensão causadora duma deformação elástica", e, no sentido figurado, "resistência ao choque", segundo o dicionário Aurélio.

Adaptado ao campo das ciências da saúde, foi inicialmente relacionado à capacidade de regeneração, adaptação e flexibilidade, qualidades estas atribuídas a pessoas que conseguiam se recuperar de doenças, catástrofes, guerras e outras situações traumáticas abruptas ou duradouras. Tais situações eram consideradas como de alto risco, sendo esperado que as pessoas afetadas desenvolvessem ou

---

1. Profa. Dra. do Departamento de Psicologia da Universidade de Taubaté; psicoterapeuta de família. E-mail: de_souzamarilza@hotmail.com

54 Capítulo 4. Família e resiliência

acentuassem algum tipo de patologia. (Centro Latino-Americano e do Caribe de Informação em Ciências da Saúde: Bireme, 2000)

Contudo, foi observado que algumas pessoas, a despeito dos traumas sofridos na infância ou na fase adulta, conseguiram uma adaptação satisfatória na vida afetiva, na vida social e no trabalho (Fonagy et al, 1994). Esses casos, considerados exceções, passaram a ser motivo de estudos e pesquisas, enfocando-se a resiliência na criança, no adolescente e no adulto, em circunstâncias diversas.

Os primeiros estudos publicados sobre a resiliência no âmbito da psicologia datam da década de 70. Um deles foi a avaliação do impacto emocional da existência de uma criança portadora de fibrose cística sobre os membros da família (Gayton et al., 1977). Embora fossem esperados resultados negativos, os achados não demonstraram indícios significativos que comprovassem impacto psicológico negativo sobre as crianças e suas famílias, concluindo-se pela resiliência das mesmas.

Outras pesquisas foram realizadas abrangendo adolescentes, adultos e famílias em situações de risco diversas, tais como a condição de ser imigrante, sobrevivente do Holocausto, possuir alguém na família portador de doença física ou mental, possuir condições socioeconômicas insuficientes para sobrevivência, ter sido abusado fisicamente na infância, etc. Nos casos de abuso, por exemplo, foram encontradas crianças que, a despeito de terem sido submetidas a maus tratos na infância, tornaram-se pais competentes, não replicando a experiência com seus filhos, o que chamava a atenção para o aspecto da existência de qualidades relativas à resiliência.

A princípio a resiliência era compreendida como uma capacidade ou um traço individual que tornava a criança invulnerável a determinados riscos do ambiente. Mais tarde, foram ainda encontradas competências entre aquelas pessoas que pareciam ter um desenvolvimento saudável apesar das situações de risco a que eram submetidas. Tais competências referiam-se ao cumprimento das tarefas relativas ao desenvolvimento humano na infância e na adolescência e às funções de parentalização na vida adulta.

A existência do vínculo seguro entre a criança e pelo menos uma pessoa significativa foi um dos fatores atribuídos como de maior importância na proteção e fortalecimento da resiliência da criança. A existência do "cuidador ou pessoa significativa" foi utilizada para explicar os casos de crianças que mesmo não tendo tido modelos de parentalização competentes na infância tornavam-se pais competentes (Fonagy et al, 1994).

Com o avanço nas pesquisas, houve uma mudança na visão das famílias, principalmente com relação à aceitação das diversas configurações familiares diferentes das tradicionais, resultando na abertura da possibilidade para que as mesmas pudessem ser consideradas recursos e fontes de resiliência para seus membros.

Yunes (2001) realizou uma pesquisa bastante interessante, com profissionais que trabalhavam com famílias brasileiras pobres, sobre as crenças que os mesmos possuíam sobre a família. O estudo concluiu que tais profissionais possuem crenças bastante arraigadas de que as famílias de baixa renda reúnem pessoas de modo geral acomodadas, desestruturadas, com poucas chances de sucesso futuro e que transmitem seus problemas de geração para geração. A autora relata que, quando foi solicitado a esses profissionais que falassem sobre uma família que vivesse bem, apesar de ser pobre, os mesmos descreveram famílias em que existia o vínculo com uma pessoa significativa para a criança, um mentor, e cuja configuração seguia de preferência o modelo da família nuclear intacta e fosse organizada com rotinas, estudo e trabalho. Apoiando-nos nas discussões sobre normalização e "patologização", podemos constatar que a maneira como esses profissionais vêem tais famílias conseqüentemente influencia em seus trabalhos e no que acreditam que as mesmas são capazes. Patterson (2002b) confirma essa conclusão, afirmando que o reconhecimento das forças e habilidades da família pelo profissional cuidador é crucial para facilitar a resiliência familiar. Isso contribui para a família adquirir seu senso de ser capaz, que é fundamental no mecanismo protetor que a leva à resiliência.

Os estudos sobre a resiliência focalizando a família surgiram vinculados à teoria sistêmica e à preocupação sobre como as famílias sobreviviam às crises a que eram submetidas. As pesquisas considerando a resiliência do casal e da família desenvolveram-se com grande intensidade no final da década de 80 abordando, entre outros casos, o enfrentamento e a recuperação frente a doenças crônicas e deficiências (como possuir um membro da família com necessidades especiais), famílias refugiadas imigrantes, famílias afro-americanas pobres residentes em locais considerados de risco (com ocorrência de violência urbana) e, mais recentemente, famílias em que exista o abuso de álcool, drogas e violência doméstica (Centro Latino-Americano e do Caribe de Informação em Ciências da Saúde: Bireme, 2000; American Psychological Association, 2003).

A princípio, a resiliência familiar foi definida em termos de características estruturais e funcionais e capacidade de adaptação. Flack (1991), por exemplo, definiu a resiliência familiar como o resultado do comportamento adaptativo somado à mudança e ao crescimento, isto é, a capacidade de transformação e flexibilidade da família frente às crises. Ele caracterizou a família resiliente como sendo aquela que manifesta flexibilidade, permitindo a independência e a identidade própria de seus membros. Essas famílias possuem um certo grau de equilíbrio para suportar as tensões da vida cotidiana, o que faz com que seus membros lidem com o estresse diário com coesão e solidariedade. Nesse entendimento, as famílias que não conseguem ter flexibilidade são consideradas resistentes e disfuncionais, o que forçosamente classifica as famílias funcionais como resilientes, e as disfuncionais, como não resilientes.

Diante das diferentes definições de resiliência familiar de diversos autores clínicos e pesquisadores, Patterson (2002a) procurou clarificar a diferença entre resiliência familiar como capacidade ou traço (*resiliency*) e resiliência familiar como um processo (*resilience*)[2].

---

2. Na língua inglesa, os termos resiliency e resilience são sinônimos cujo significado é "capacidade de se recuperar rapidamente de doença, mudança e eventos adversos" (The American Heritage Dictionary, 2000).

Em relação a este último, Patterson (2002b) afirmou que as situações de crise são momentos críticos para adquirir/desenvolver fatores protetores na família, e que a exposição a riscos significativos pode estimular habilidades antes não observadas.

Capacidade ou traço é apenas um dos componentes presentes no processo de resiliência familiar. Segundo a autora, para caracterizar a existência da resiliência nas famílias são necessárias três condições: o nível de competência alcançado como resultado do enfrentamento de uma condição de risco significativo e os mecanismos protetores que facilitaram o sucesso conseguido. Tomando como base a teoria do estresse e da adaptação, a autora definiu os termos como resultados familiares, risco significativo e mecanismos protetores.

O resultado é conseqüência da interação das capacidades familiares de enfrentamento com as demandas diárias, na tentativa de alcançar uma adaptação ou ajustamento. Quando o desequilíbrio permanece, ou a demanda se situa além das capacidades de enfrentamento, a família experiencia a crise, que é um ponto de mudança, levando-a a uma mudança maior na sua estrutura ou padrões de interação. A crise vista como ponto de mudança quebra a continuidade do curso de desenvolvimento, levando à melhora ou à piora do funcionamento familiar. A família restaura o equilíbrio reduzindo o nível de demandas, aumentando suas capacidades e/ou transformando os significados pelos quais interpreta a situação. Quando o resultado alcançado é considerado satisfatório, esse processo é chamado de poder regenerativo (Patterson, 2002a; McCubbin, Thompson, McCubbin, 1996).

De acordo com Patterson (2002a), as pesquisas baseadas na psicopatologia e no desenvolvimento definiam como situações de alto risco as condições adversas contínuas e/ou os eventos traumáticos severos repentinos, e as famílias, mesmo consideradas competentes, não poderiam ser classificadas como resilientes se não tivessem experienciado tais eventos. Contrariamente, outros pesquisadores argumentaram que a vida já possui riscos e desafios inerentes, tais como as transições do ciclo vital familiar, e que a família que consegue desempenhar suas funções de forma competente já pode ser considerada resiliente (Flack, 1991; Hawley & DeHaan, 1996; McCubbin, Thompson, McCubbin, 1996; Walsh, 1996, 1998). Vale a pena chamar atenção para o fato de que o nascimento de uma criança, quando desejado e planejado num contexto extremamente favorável em todos os sentidos, não é considerado um fator de risco, já que este foi definido anteriormente como condição adversa e indesejável. Entretanto, não deixa de ser um elemento estressor, pois, conforme apontou Simon (1989), mesmo os eventos desejáveis e considerados positivos trazem um certo grau de estresse, pelas adaptações que exigem. Assim, embora todo fator de risco seja um elemento estressor, nem todo elemento estressor pode ser associado diretamente com fator de risco.

Patterson (2002b) discute com propriedade esse aspecto ao abordar as funções familiares. A autora esclarece que uma das maneiras de avaliar se uma família é ou não resiliente é o fato de ela ser capaz de cumprir com sucesso suas funções (formação e sua manutenção enquanto unidade, suporte econômico, cuidados, educação, socialização e proteção de membros vulneráveis), de forma que seus membros e outros sistemas sociais se beneficiem. A autora coloca como exemplos de resultados que comprovam falhas no cumprimento dessas funções: a negligência infantil, a condição de estar sem teto, a violência doméstica, o abuso infantil e o abuso contra idosos. Os exemplos de cumprimento bem-sucedido incluem: comprometimento e manutenção da unidade familiar, nascimento de crianças que são planejadas e desejadas, comida e roupas suficientes, moradia segura, amor familiar, suporte mútuo, comprometimento e satisfação marital, crianças seguramente apegadas, cuidados familiares para crianças com necessidades especiais.

Entretanto, a pesquisadora alerta que o sucesso em preencher ou não essas funções não depende somente da família; depende também dos riscos e das oportunidades oferecidas pelos sistemas sociais no contexto ecológico. Algumas situações comprometem o cumprimento das funções familiares, havendo necessidade de se lançar mão dos recursos da comunidade, tais como a solicitação de cesta básica, no caso de desemprego, e creche para crianças de casais que trabalham fora o dia todo. O cumprimento de tais funções também coincide com as transições do ciclo vital. Essas transições são pontos marcantes e cruciais que envolvem o desenvolvimento dos membros da família e que, ao mesmo tempo, solicitam sua reorganização. As mudanças vão acontecendo gradualmente, mas muitas vezes são sentidas pela família como acontecimentos abruptos. Como resultado ocorre o estresse e a necessidade de novas habilidades para o enfrentamento. Os planos têm de ser revistos; o funcionamento da família, atualizado; e as fronteiras, reorganizadas. Em famílias com filhos de várias idades, as mudanças são simultâneas. Algumas estão às voltas com um filho adolescente e outro na fase pré-escolar, e envolvidas, ainda, com a chegada de mais um bebê. A tudo isso, somam-se as mudanças biológicas decorrentes da idade, a transformação do casamento e dos objetivos profissionais e as mudanças que ocorrem com membros da geração anterior (Cerveny, Berthoud et al., 2002). É uma verdadeira rede entrelaçada de mudanças a serem absorvidas e administradas, somando-se aos eventos inesperados de ordem familiar e social.

Patterson (2002b) conclui dizendo que, embora as demandas normativas não possam ser caracterizadas como estressores significativos, a dificuldade em manejá-las pode disparar riscos adicionais, e crises subseqüentes e/ou simultâneas acentuam o fator de risco. Como exemplo, temos mães adolescentes que não estão biologicamente nem psicologicamente preparadas para cumprirem as funções maternas, encontrando-se numa situação de risco que pode ser agravada se o parceiro não estiver presente e a família não possuir condições financeiras e assistência médica como suporte. Ocorrem, então, situações de risco, gerando ou agravando outras, criando um acúmulo de estressores e posicionando a família em uma situação de alto risco. Um outro aspecto levantado em relação aos fatores de risco retoma a pesquisa de Gilgun (1999), sobre a interpretação e atribuição de significados. Segundo Patterson (2002a, 2002b), existe um siste-

60 Capítulo 4. Família e resiliência

ma de significados[3] pelo qual a família dá uma interpretação à situação de estresse, ao seu grau de dificuldade e às próprias capacidades para enfrentá-la. O sistema de significados aparentemente regula o processo de avaliação de uma situação de risco ou estresse e das capacidades próprias, e também se e como os recursos disponíveis serão utilizados. Os significados familiares são diferentes dos significados individuais, pois os primeiros são construídos coletivamente, com base no relacionamento entre dois membros pelo menos, compartilhado de tempo, espaço e experiências de vida. Considerando-se ainda que a família vive em contato com a comunidade permeada por cultura e valores, outros agentes fazem parte da construção desses significados, como o contexto socioeconômico, por exemplo. Assim, a avaliação de um evento como sendo um fator de risco, tal como o nascimento de uma criança, dependerá das condições do nascimento, do nível econômico da família, da idade dos pais e dos valores culturais, entre outros, que podem originar um significado que facilita ou dificulta o enfrentamento.

Patterson (2002b) diferenciou fatores protetores de mecanismos protetores. Enquanto os primeiros referem-se a capacidades, os mecanismos protetores são baseados nos padrões de funcionamento, na comunicação familiar e nos significados familiares, que facilitam o cumprimento das tarefas individuais, do desenvolvimento e das funções familiares, de forma que protegem a família de resultados indesejados. Tais mecanismos relacionam-se com a coesão, a flexibilidade e a comunicação familiar. A coesão é definida como um equilíbrio entre a conexão e a separação entre os membros da família e possui a função de manter a unidade familiar. A flexibilidade refere-se ao estabelecimento de equilíbrio entre estabilidade e mudança. Esses dois aspectos sofrem a influência da cultura na qual a família se insere, do desenvolvimento do ciclo vital familiar, do contexto social e histórico e das tradições. O critério de avaliação do funcionamento desses mecanismos é baseado na habilidade da família de

---

3. Walsh (1996, 1998) dá o nome de sistema de crenças e inclui o senso de coerência. McCubbin, Thompson e McCubbin (1996) denominam schema.

desenvolver um consenso sobre o estilo preferido de coesão e de negociar as expectativas compartilhadas entre seus membros. Os padrões de funcionamento e comunicação são interativos já que estes últimos facilitam o consenso de expectativas compartilhadas sobre a coesão e a flexibilidade no cumprimento das funções familiares. Os significados compartilhados pela família também podem facilitar a construção dos mecanismos protetores e, portanto, torná-la resiliente, pois o fato de ser compartilhado entre os membros da família estimula uns aos outros na adoção de crenças mais otimistas.

Walsh (1998) e Patterson (2002b) chamaram a atenção para o fato de que um mecanismo protetor atual poderá ser considerado fator de risco no futuro. A dinâmica familiar logo após o nascimento de um bebê, por exemplo, é caracterizada pela dedicação exclusiva (coesão) dos pais ao filho, principalmente da mãe, o que, nesse momento específico, é um fator protetor. Entretanto, essa relação tende a se modificar naturalmente, de forma a proporcionar mais autonomia a todos, à medida que a criança adquire mais idade e se desenvolve. Caso isso não ocorra, o vínculo que antes era considerado protetor, torna-se um fator de risco, atingindo o sistema familiar como um todo.

Sintetizando, a avaliação de um evento ou condição como fator de risco ou de proteção passa pela interpretação da rede familiar e da rede social, (incluindo valores culturais, étnicos e religiosos), pelo momento em que ocorre (fase do ciclo vital familiar) e pelo contexto (situação familiar e existência de outros elementos estressores) (McCubbin, Thompson, McCubbin, 1996; Walsh, 1998).

Minha experiência com o atendimento de famílias monoparentais de baixa renda mostrou que o número de filhos ainda dependentes de cuidados era um fator de risco, no contexto de dificuldades econômicas, sobrecarga das mães pela dupla jornada e ausência do parceiro como colaborador. Entretanto, segundo o relato das mães, era a existência e o desejo de vê-los criados que dava um sentido à vida e fazia com que elas "não desistissem de tudo", tal era a falta de perspectiva de futuro. Ficou claro, então, que o vínculo com os filhos era um mecanismo protetor na decisão das mesmas de seguir em frente e valorizar a própria existência.

McCubbin, Thompson e McCubbin (1996) realizaram uma ampla pesquisa sobre a resiliência familiar, comparando o processo de enfrentamento de diversos grupos étnicos e culturais. Tal processo está sistematizado no Modelo de Resiliência do Estresse Familiar, Ajustamento e Adaptação, que se baseia em pesquisas anteriores sobre a teoria do estresse e da adaptação familiar. Nestas foram avaliadas famílias nos períodos de pré-crise e de pós-crise, com o objetivo de tentar explicar por que algumas famílias recuperavam-se do estresse, enquanto outras permaneciam vulneráveis ou deterioravam-se, ainda que estivessem sob as mesmas circunstâncias. Os resultados permitiram identificar aspectos, tais como tipos familiares, padrões, processos, propriedades do sistema, estratégias de avaliação e solução de problemas, significados e transações com a comunidade, os quais contribuíam para a recuperação e manutenção da estabilidade das famílias a longo prazo.

De acordo com o Modelo proposto, a resiliência familiar possui duas fases: a primeira, denominada ajustamento, que ocorre durante o enfrentamento de uma situação de estresse, cujo desfecho é o bom ou o mau ajustamento, e a segunda, denominada adaptação.

A fase de ajustamento possui os seguintes componentes, que interagem entre si:

1) elemento estressor variando em grau de gravidade e intensidade;
2) vulnerabilidade familiar formada pelo acúmulo de outros estressores, demandas e transições do ciclo vital familiar;
3) padrões estabelecidos de funcionamento familiar (tipologia familiar);
4) recursos de resistência da família, formados pela qualidade de comunicação e suporte mútuo;
5) avaliação do estressor, constituída pela definição compartilhada do problema, pela família;
6) solução de problemas e estratégias de enfrentamento familiar (busca de recursos na família ou fora dela).

Marilza T. Soares de Souza 63

Dependendo da intensidade e da gravidade do estressor, mediado pelos outros componentes, o resultado pode ser o bom ajustamento familiar, retornando o equilíbrio anterior, ou o mau ajustamento, com o desencadeamento de uma crise.[4] Nesse caso, a crise é uma conseqüência esperada e importante para que a família proceda às mudanças necessárias na próxima fase.

Na fase de adaptação, o desequilíbrio provocado pela crise atinge o sistema familiar como um todo, exigindo a reorganização dos padrões familiares. O objetivo dessa fase é restaurar e regenerar a harmonia e o equilíbrio familiar nas áreas de relacionamentos interpessoais, desenvolvimento, bem-estar e espiritualidade, estrutura e função e relacionamento com a comunidade e natureza. Nesse processo, o estressor que deu início à fase de ajustamento fica em plano secundário, pois a família prioriza a resposta à crise em si. O processo segue os seguintes passos:

1) Os padrões de funcionamento interagem com a solução de problemas e habilidades de enfrentamento, introduzindo mudanças e procurando corrigir o que não foi bem sucedido na primeira fase. Novos padrões de funcionamento são criados, outros são mantidos, revitalizados ou restaurados. Trata-se de um processo relacional dinâmico através do tempo, envolvendo uma mudança construtiva nas transações entre família e comunidade, num contexto social de acúmulo de estressores esperados e inesperados, e num mundo de constantes mudanças.

2) A avaliação da crise inclui diversos níveis:
   • a cultura e a etnicidade da família;
   • *schema*[5] (estrutura de valores, crenças, convicções e expectativas fundamentais). O schema tem a função de dar à família o significado à situação de crise e às mudanças;

---

4. Crise familiar é aqui definida como "uma condição contínua de ruptura, desorganização ou incapacitação no sistema social familiar" (Burr, 1973 apud McCubbin, Thompson & McCubbin, 1996, p. 22).

5. Não foi encontrada uma tradução adequada para a língua portuguesa. Em inglês, no contexto da psicologia, significa "um padrão imposto sobre a realidade ou experiência complexa, que ajuda a explicá-la, mediar a percepção ou guiar a resposta" (*The American Heritage Dictionary*, 2000).

64 Capítulo 4. Família e resiliência

- coerência familiar, compreensibilidade, significância e controle da crise (Antonovsky & Sourani, 1988);
- paradigma familiar (regras e expectativas que organizam a família);
- avaliação situacional e avaliação do estressor;
- recursos: individuais (traços de personalidade, competências e identificação étnica), familiares (organização, comunicação e rotinas e tradições) e comunitários (redes de suporte e senso de pertencimento).

Uma das grandes contribuições do trabalho desses pesquisadores foi o aprofundamento nas influências da etnia e da cultura sobre a resiliência, deixando bastante claro que os significados atribuídos aos eventos estressores são construídos socialmente. Algumas dessas pesquisas foram realizadas com americanos nativos, havaianos e indianos, e os achados demonstraram a peculiaridade da cultura desses povos, principalmente com relação à atribuição de significados às crises. Para eles, as experiências com crises são oportunidades para aprender estratégias de sobrevivências e passá-las às outras gerações, "contando histórias". Acredita-se que, com essa atitude, a resiliência possa ser estimulada. Outro achado interessante é com relação à visão relacional e ecológica dos havaianos, que valorizam o altruísmo, a interdependência e a interconexão entre o indivíduo, a unidade familiar, a natureza e o mundo espiritual.

McCubbin, Thompson e McCubbin definiram a resiliência de forma geral como:

> *padrões positivos de comportamento e competência funcional que os indivíduos e a unidade familiar demonstram sob circunstâncias estressantes ou adversas, que determinam a habilidade da família para se recuperar mantendo sua integridade, como unidade, enquanto assegura e restaura, onde necessário, o bem-estar de seus membros e da unidade familiar como um todo* (1996, p. 5).

Embora os autores descrevam fases que envolvem processos de ajustamento e adaptação, a resiliência é definida em termos de padrões de comportamento que ocorrem em determinadas circunstâncias e que possuem funções de recuperação e restauração.

Hawley e DeHann oferecem uma definição da resiliência familiar que se diferencia dos outros autores, abordando-a como um processo:

> *Resiliência familiar descreve o caminho que uma família segue, como ela se adapta e prospera diante do estresse, no presente e ao longo do tempo. Famílias resilientes respondem positivamente a essas condições de maneira única, dependendo do contexto, nível de desenvolvimento, da combinação interativa de fatores de risco e protetores e da percepção compartilhada da família* (1996, p. 293).

Estes últimos autores salientaram que a resiliência não deve ser conceituada como um conjunto estático de forças, mas sim como um processo de desenvolvimento particular de cada família. Discordando de outros pesquisadores já citados, afirmam que a resiliência se relaciona mais com os caminhos que a família percorre em resposta aos estressores do que com o conteúdo dos processos familiares em si, tais como comunicação e coesão.

Walsh (1996, 1998) faz eco a essas últimas colocações, salientando que a resiliência familiar não é demonstrada por uma resposta isolada a um evento, e que, para compreendê-la, é necessário levar em conta a história da família ao longo das fases do desenvolvimento. A autora justifica sua colocação:

> *O termo resiliência familiar refere-se aos processos de enfrentamento e adaptação na família como uma unidade funcional* (1998, p. 14).
> *A resiliência envolve muitos processos interativos ao longo do tempo – desde uma abordagem da família a uma situação amea-*

çadora, por meio de sua habilidade em controlar transições disruptivas, até estratégias variadas para o enfrentamento de estresses emergentes no período imediato pós-crise e a longo prazo (1998, p. 21).

A resiliência é cultivada nas interações familiares por meio de uma série de influências indiretas que melhoram os efeitos diretos de um evento estressor (p. 20).

Na verdade, esta autora apresentou inicialmente uma definição de resiliência de maneira geral como "a capacidade de recuperar-se da adversidade mais fortalecido e capaz de agir [...] um processo de resistência, restauração e crescimento em resposta à crise e ao desafio" (p. 4). Porém, ao longo de sua obra, ela vai definindo o conceito de resiliência familiar, apresentando os aspectos fundamentais, a partir do que os autores anteriores já abordaram, e incluindo outros diferenciais, que serão explicitados adiante.

Baseada em pesquisas mais recentes, Walsh (1998) prefere afirmar que a família tem sido submetida a desafios e não a danos materiais e psicológicos, o que corrige a idéia de ver a família como cheia de problemas. Tais desafios incluem as crises normais e esperadas do ciclo vital, bem como as inesperadas e relacionadas às transformações e mudanças rápidas pelas quais o mundo vem passando. Além disso, uma vez que a situação de estresse interage com crises de transição, tais como o desenvolvimento e etapas do ciclo vital, torna-se difícil isolar um aspecto de risco a que a família está submetida e avaliá-la considerando somente ele. McCubbin[6] igualmente salienta a importância de se considerar a família como sendo atingida por múltiplas situações de crise e estresse.

Walsh (1998) afirma que a "resiliência é formada por meio da adversidade, não apesar dela" (p. 6), esclarecendo que, durante a crise, algumas famílias mostram o que possuem de melhor e emergem, após o enfrentamento, mais fortalecidas do que antes. Existem famílias cujos membros relatam a experiência de juntos enriquece-

---

6. H. McCubbin (2001). Informação obtida por e-mail enviado pelo autor.

Marilza T. Soares de Souza 67

rem seus relacionamentos e tornarem-se mais amáveis em tempos de crise. Assim, a crise pode ser considerada ao mesmo tempo um perigo e uma oportunidade, que nos chama a atenção para o que realmente importa em nossas vidas.

Como a autora salienta, ser resiliente é mais do que sobreviver, ou seja, os sobreviventes não são necessariamente resilientes, pois muitas vezes recuperam-se da crise, mas permanecem com culpa e raiva. Ao contrário, a qualidade de ser resiliente capacita as pessoas a lidar com suas dores, tomar conta de suas vidas e seguir em frente, vivendo e amando plenamente. Distingue-se da invulnerabilidade e auto-suficiência. É alcançada por experiências de abertura e interdependência em relação aos outros. Por outro lado, não se pode rotular de "não resilientes" as pessoas que sucumbem à adversidade quando lutam com condições insuperáveis ou que estejam além de seu controle. Da mesma forma, a invulnerabilidade não pode ser confundida com força, isto é, não se pode entender como resiliente a pessoa que passa por crises sem se sentir afetada, ou sem que isto lhe cause qualquer sentimento. Nesse sentido, Walsh[7], ao comentar a influência da cultura americana nas famílias, afirma que há um encorajamento a não entrar em contato com o sofrimento, a deixar os eventos negativos para trás e a seguir em frente sem dar o devido significado às crises. Essa atitude de cortar o vínculo com eventos estressantes é associada às raízes e à herança dos imigrantes pioneiros, quando parecia ser mais adaptável cortar vínculos com a terra natal e focalizar-se em objetivos futuros na nova terra. Assim, construir a resiliência pessoal envolve integrar a totalidade de uma experiência de crise em nossa identidade individual e coletiva, influenciando, dessa forma, o modo como continuaremos nossas vidas.

Algumas pesquisas no campo da resiliência familiar foram realizadas escolhendo como critério para investigação famílias que estavam em tratamento psicoterápico, passando a idéia de que as famílias "não clínicas" eram "normais", saudáveis e funcionais, e que as "famílias clínicas" eram disfuncionais ou patológicas, vivendo em condi-

---

7. Informação obtida em palestra da autora no Chicago Center for Family Health, em 2001.

68   Capítulo 4. Família e resiliência

ção de risco e, portanto, merecedoras de investigação (McCubbin, Thompson, McCubbin, 1996; Walsh, 1993). Supostamente, as famílias "não clínicas" não apresentavam queixas ou sintomas. Como especulou Walsh (1998), seria este um critério adotado para classificar as famílias "não resilientes"? Certamente que tal viés pode ter ocorrido, ou até ocorrer nos dias de hoje, pela falta de informação sobre a complexidade do fenômeno resiliência e pelas crenças e significados atribuídos às famílias que se encontram em tratamento. Entretanto, a ausência de sintomas não é sinal de resiliência. E a apresentação deles é normal, do ponto de vista de que denunciam uma desestabilização e uma situação de estresse. Contando como um ponto a favor, as pessoas procuram a psicoterapia como um dos recursos disponíveis, dos quais elas possuem conhecimento, seja porque os outros falharam ou porque lhes faltam informações e habilidades necessárias para administrarem as situações adversas. De fato, quando procuram por esse recurso, mesmo que tenham sido encaminhadas por outros profissionais e contra sua vontade, estão tentando encontrar uma saída e fazer algo que alivie, que dê uma solução, ou simplesmente as ajude a enfrentar as situações difíceis. Por outro lado, aquelas que não procuram a psicoterapia podem estar se valendo de outros recursos que lhes são satisfatórios, como o espiritual, por exemplo. Outras procuram negar ou ocultar a existência dos "sintomas", dando uma falsa imagem de "normalidade". Outras, ainda, passam por um período de calmaria e tranqüilidade, que é também esperado nos momentos de trégua do ciclo vital. Além disso, as pessoas possuem uma escala de prioridades, pela qual se orientam sobre quando e qual tipo de ajuda procurar. Isso depende das experiências anteriores, do conhecimento prévio que possuem, dos recursos disponíveis, dos valores culturais e religiosos, e até da situação econômica.

Portanto, o fato de uma família não ser bem sucedida no enfrentamento de adversidades não significa que ela seja ou não resiliente. Em primeiro lugar, ela precisa ter conhecimento da necessidade, da importância, da possibilidade de solução, das opções e de recursos e condições para acioná-los.

Walsh (1998) organizou um mapa orientador com o objetivo de "compreender os processos chave que fortalecem a habilidade da família para solucionar com sucesso as crises ou estresses prolongados" (p. 269). Tais processos-chave foram organizados em três áreas e ampliados por Souza (2003).

Padrões de organização

A flexibilidade na família refere-se à existência de padrões de interação e regras consistentes, com uma certa estabilidade e uma rotina mínima previsível, que garanta a confiabilidade. Os rituais são importantes para manter a sensação de continuidade através do tempo, e são considerados interações facilitadoras na transição de um ciclo para outro e nas transformações devidas a perdas ou mudanças inesperadas, por permitirem a conclusão de um ciclo e a evolução para um outro, posterior. Da mesma forma, a flexibilidade para a mudança deve existir, principalmente para atender às demandas nas diferentes fases do ciclo vital familiar e do desenvolvimento, bem como em situações de crise ou estresse. Alguns papéis e regras são renegociados de acordo com as necessidades. Adotando uma metáfora, é como a pessoa que anda de moto, tendo que manter o corpo estável o suficiente para garantir o equilíbrio, mas flexível o bastante para poder fazer a curva.

A conexão refere-se à manutenção da unidade familiar, respeitando-se a autonomia dos membros da família, por meio de hierarquias e fronteiras bem estabelecidas, flexíveis o suficiente para manter a relação de troca com a comunidade. Essa idéia de coesão não parte de um modelo rígido e inflexível de relacionamento fusionado. Ao contrário, a individualidade é respeitada e as pessoas se agrupam para juntar esforços e se apoiarem. A liderança familiar é firme o bastante para proteger e orientar os outros membros, sendo compartilhada quando possível, e os arranjos familiares, acomodados de forma a atender às demandas familiares e extrafamiliares. É interessante que o relacionamento entre casais seja igualitário e recíproco, principalmente em tempos em que ambos, marido e esposa, têm de trabalhar para o sustento da família. É importante acrescentar o estabelecimento de fronteiras demarcadas, embora flexíveis, entre a família nuclear e a família de origem e o alcance da independência financeira pela família nuclear.

Esse aspecto inclui lançar mão dos recursos presentes na família e na comunidade, quando necessário, o que inclui atividades religiosas, culturais, educacionais, recursos ligados à saúde e às finanças. É importante a busca de modelos e mentores para orientar as crianças, principalmente quando os pais não estão à disposição, evitando, com isso, que elas se envolvam em situações de risco. Os pais, quando disponíveis, são responsáveis pela segurança financeira e pelos cuidados das crianças. É importante haver um equilíbrio que permita atender a essas duas demandas, podendo algumas vezes a família utilizar-se do suporte da família extensa ou da comunidade, nos cuidados com os menores, por exemplo.

Padrões de comunicação

Compartilhar informações entre os membros da família, bem como buscar informações com profissionais na comunidade e outros meios, é útil para que as situações de estresse e as opções e estratégias possíveis de enfrentamento sejam clarificadas. Essa atitude ajuda na construção do significado da situação de forma compartilhada e consciente. Como Cerveny e Berthoud (2002) afirmaram, "a família constrói sua realidade a partir da história compartilhada de seus membros" (p. 22).

O compartilhamento de sentimentos, assumindo a responsabilidade de forma respeitosa, é observado quando os membros da família se posicionam sem agressividade ou acusações, mantendo um clima de confiança e empatia. O humor é uma fonte vital na família por facilitar a conversação, reduzir a tensão e expressar os sentimentos de forma menos ansiosa.

Solucionar problemas de forma colaborativa envolve alguns passos que vão desde o reconhecimento da existência, da importância e da possibilidade de resolução do problema, a troca de idéias e negociações, até a tomada de atitudes de forma concreta. É importante que haja reciprocidade e negociação de atribuições, principalmente porque as situações que a família enfrenta afetam todos os seus membros. Dependendo da natureza, pode envolver menos as crianças, por exemplo, devido à pouca idade, mas, conforme sua capacidade de autonomia, a colaboração delas será extremamente necessária, como na divisão de tarefas domésticas, por exemplo, ou na administração de perdas financeiras. A resolução de conflito pode envolver desacordos e uma crise mais longa – o que é esperado. Compartilhar os sucessos, mesmo que pequenos, estimula a confiança da família para enfrentar desafios maiores. Da mesma forma, compartilhar os erros cometidos pode ser uma lição útil para a família, no sentido de reformular objetivos ou estratégias na resolução dos problemas. Prevenir problemas e crises, quando possível, é útil, mesmo quando não se tem a solução no momento, porque promove uma organização do que está por vir. Compartilhar os desafios futuros e obter mais informações sobre eles dá um certo controle sobre a situação e traz mais segurança. É como ter que viajar para uma cidade grande e desconhecida, para ficar um longo tempo, por exemplo. O comum é usar um mapa, procurar informações sobre onde ficar e preços, prevenir-se quanto a questões de segurança e emergências, etc. Outro aspecto de natureza importante são as afinidades entre os membros da família que devem ser identificadas e estimuladas como forma de convivência e estímulo à comunicação.

Sistemas de crenças

Partindo da crença de que o significado da adversidade é socialmente construído, quando a família compartilha seus pensamentos e sentimentos sobre determinada situação, ela reconstrói um novo significado e pode enfrentar a crise por meio da colaboração mútua. Se a crise é vista como um desafio compartilhado, os relacionamentos são fortalecidos. Estabelecer relacionamentos confiáveis, com base na consideração e no bem-estar do outro, provê um ambiente seguro, no qual um pode contar com o outro. Orientar-se no ciclo vital familiar significa aceitar a passagem do tempo e as mudanças relativas às fases do desenvolvimento, transitar nas histórias multigeracionais, contextualizando a adversidade. Isso permite que a família integre os significados atribuídos à sua vida presente, reinterpretando o passado e conectando-o com o futuro. Tal fato ajuda a família a não se sentir diferente, doente ou anormal. O senso de coerência contribui para a construção do significado, uma vez que proporciona a motivação para acionar os recursos disponíveis e o sentido para a vida. A avaliação da crise e de sua recuperação influencia como a família vai lidar com ela, o que inclui as crenças causais explicativas e expectativas futuras. As crenças causais são influenciadas pelos valores culturais e religiosos, determinando se os problemas serão atribuídos às próprias falhas (internalizados) ou às falhas externas à família (externalizados), tais como culpar o sistema de saúde, o governo, a escola ou uma circunstância familiar, como a falta de recursos financeiros, por exemplo. As crenças explicativas que são mais específicas, isto é, que não são generalistas no tempo e espaço, são mais flexíveis e disponíveis para a mudança. As expectativas futuras (o que as famílias acham que vai acontecer, se vai piorar) interferem na avaliação da crise atual e nas ações que serão realizadas. Exemplificando, o medo de uma família ser rejeitada, numa comunidade, pode levá-la a rejeitar antes.

A perseverança e o encorajamento são aspectos muitas vezes sustentados na família, pelo seu relacionamento com a comunidade, em vários grupos, tais como: culturais, religiosos, étnicos, auto-ajuda, etc. A esperança é uma convicção, projetada no futuro, de que, as coisas podem melhorar, independentemente de como a situação esteja no presente, seja porque a família já venceu outros obstáculos antes, seja pela presença da auto-estima positiva, seja porque ela se apóia em valores religiosos. De qualquer forma, esse é um poderoso fator que sustenta as famílias em situação de crise. A focalização nas forças e no potencial inclui o reconhecimento de talentos e habilidades dos membros da família, nos melhores momentos, quando os problemas não ocorreram ou não estão ocorrendo, nas vitórias conseguidas e nas forças e potenciais que os recursos oferecem. A aceitação dos limites do que está ao alcance da família ajuda na avaliação realista, facilitando com que os esforços sejam concentrados naquilo que é possível.

Quando a família enfrenta situações de forte repressão e violência, que não podem ser mudadas imediatamente, pode facilmente perder as esperanças. Nesse momento, a espiritualidade tem um papel de extrema importância, conforme foi confirmado por Job (2000), em uma pesquisa realizada com sobreviventes do Holocausto. No seu estudo, ficou visível que o que tornou possível a sobrevivência psicológica das pessoas, diante daquela situação de repressão, foi, além do apego às pessoas próximas, o apego à crença espiritual, mantendo-se a esperança da perspectiva de futuro. A espiritualidade ajuda as famílias a conviverem com momentos de incerteza, investindo nos valores internos, oferecendo conforto e significado para aquilo que está além da compreensão, naquele momento. A espiritualidade pode ser cultivada dentro ou fora da estrutura religiosa formal.

Assim, muitas pessoas saem de uma tragédia com a força adquirida na religião ou no sentido espiritual que deram às suas vidas. Esse sentido acaba estabelecendo um novo propósito e, talvez, uma tarefa a ser cumprida. Podemos exemplificar com casos de pessoas que perderam seus entes queridos, pela violência ou por doenças incuráveis, e acabaram se lançando em empreitadas para evitar que outras pessoas passassem pela mesma experiência. Outras, se dedicaram a atividades solidárias, e outras, ainda, reavaliaram a maneira como estavam vivendo e passaram a priorizar novos valores.

As pessoas que passam por esse tipo de trauma não podem mudar o passado, mas podem aprender com a experiência e dar às suas vidas um sentido significativo. Mesmo aquelas que não passaram por traumas violentos, mas viram outros passarem, têm a oportunidade de reavaliar suas escolhas e priorizar o que realmente é importante e valoroso e merece investimento.

É interessante notar como a criatividade surge nos momentos de maior adversidade. Costuma-se dizer que o povo brasileiro é criativo ao explorar maneiras diferentes de sobreviver e administrar as adversidades, tal é a multiplicidade de dificuldades a que está sujeito. Quando a família tenta encontrar soluções para situações muito difíceis, muitas vezes tem de criar alternativas nas quais anteriormente não se havia pensado. Essa criatividade pode ser inspirada em experiências passadas, nos mitos e histórias familiares, em fantasias ou soluções ainda não tentadas. A história de vida de pessoas de destaque que superaram adversidades também costuma servir de modelo e inspiração para o enfrentamento. A mídia freqüentemente divulga histórias de vida de esportistas, de adultos e crianças que se destacaram, salientando as dificuldades que enfrentaram na infância.

Nesse campo da transcendência, é interessante refletirmos como as crenças se modificam quando as adversidades são situadas numa perspectiva ecológica. Partindo do princípio de que o indivíduo, o sistema familiar, a comunidade, a sociedade, a natureza e a espiritualidade são interconectados, quando se atribui um significado a uma situação adversa, abre-se um leque de possibilidades. Muito freqüentemente, a família não tem a explicação imediata para o que ocorreu ou não consegue dar um significado para a situação. Entretanto, ao longo do tempo, o sentido vai aparecer, pautado na experiência adversa e nos seus frutos. É comum as famílias dizerem, durante ou logo após a situação enfrentada: "Isso não tem sentido." Mais tarde, afirmam: "Graças a essa situação fui trabalhar, estudar e consegui me virar." É importante, no desenvolvimento da resiliência, que a família possa reconhecer o sentido positivo das situações difíceis.

A intersecção cultura/resiliência familiar: campo dos significados

Ao contrário do pensamento anterior, de que a resiliência era focalizada nas forças individuais internas ou nos traços inatos da personalidade, atualmente é entendida, cada vez mais, como a interação entre predisposição constitucional e influência ambiental. Apesar do fato de cada pessoa possuir sua personalidade e particularidades que a distinguem dos outros membros da família, de forma mais geral e ampla, podemos encontrar generalidades na visão de mundo de uma família como um todo. Esse todo incluiria, não só a família, em sua extensão, mas a comunidade, os valores culturais e políticos e o país. Assim, o significado dado a um evento passa necessariamente por essas esferas. Segundo Walsh (1998), as crenças e significados são expressos nas histórias e narrativas que contamos. Tais histórias transformam-se, quando são contadas e recontadas, permitindo a apreensão da mudança de significado de um evento. Segundo a autora, cada vez que contamos nossas histórias, revelamos alguns segredos, os quais possibilitam que nossa vida se torne mais clara e se abra para novas possibilidades.

O compartilhamento de histórias e rituais é um poderoso recurso de resiliência, por permitir que se mantenha viva a identidade de um povo em uma outra cultura, principalmente no caso de pessoas que estão afastadas de seu país, como acontece com os imigrantes. Em qualquer transição, é necessário manter alguma conexão com raízes ou vivências anteriores, o que evita o rompimento abrupto e a vulnerabilidade. As histórias são uma das alternativas para as pessoas manterem os vínculos com suas origens. A busca de relacionamento com pessoas que possam ter alguma conexão com as raízes, ou algo em comum, são recursos para continuar mantendo os rituais e histórias vivos.

Stanton M. e outros (1982) estudaram casos de famílias sujeitas a múltiplos fatores de risco, tais como imigração, abuso de drogas de filho adolescente, juntamente com a dificuldade de separação e independência do adolescente em relação aos seus pais. Uma das conclusões dos pesquisadores foi que as perdas do contato, do apoio da família de origem e dos costumes próprios da cultura tornaram os membros mais vulneráveis, dificultando o processo de individuação do filho e a adaptação à nova cultura. Embora não se possa estabelecer uma causalidade linear, de fato o acúmulo de estressores acentua a situação de crise. Os autores sugeriram que a manutenção da relação com a família de origem, assim como a manutenção dos rituais e costumes, facilitaria a adaptação à cultura do novo país e favoreceria a independência e autonomia dos membros familiares.

Pessoalmente, passei por essa situação, quando fui morar temporariamente em Chicago. Inicialmente procurei conversar com pessoas de meu país e de outros com quem pudesse encontrar algum vínculo. Era importante quando alguém de outro país contava que já tinha vindo ao Brasil, pois tínhamos algo em comum para conversar.

Por outro lado, a comunicação com as pessoas que estavam no Brasil foi o que mais me trouxe recursos para poder sobreviver sozinha em outro país. Com a tecnologia da internet foi possível manter os contatos vivos na medida de minha ansiedade. Foi interessante como também eu me percebia procurando algo em comum entre minha cultura e a cultura americana, bem como alguma identificação com o que era diferente.

Estabelecendo-se uma comparação, a taxa de imigração para o Brasil atualmente é muito baixa, e o processo de adaptação da maior parte dos imigrantes ocorreu há aproximadamente 80 anos. De acordo com estatística do Memorial do Imigrante do Instituto Brasileiro de Geografia e Estatística (IBGE, 2001), os maiores movimentos imigratórios para o Brasil ocorreram entre 1911 e 1913, e em 1926, tendo uma diminuição substancial entre 1941 e 1945. A partir de 1946 aumentou em quatro vezes mais, e continuou crescendo, embora não tenha atingido o patamar ocorrido em 1926.

Portanto, as últimas gerações não estão mais sujeitas a esse tipo de risco, tendo em vista que as redes das relações já estão novamente estabelecidas e que as raízes estão bem sólidas.

Entretanto, por ser um país geograficamente amplo e com uma distribuição desproporcional de desenvolvimento e renda, ocorre o fenômeno de migração interna, geralmente dos estados menos desenvolvidos e mais pobres para os mais desenvolvidos, ou seja, do Norte para o Sul.

Dados do Censo de 1999 mostram que 39% da população entrevistada na época não era originária da cidade em que residiam, e 15,8% não haviam nascido na unidade da Federação em que residiam (IBGE, 2001). Pouca atenção é dada a esse fato no campo dos estudos da família, no que se refere às situações de risco enfrentadas. O que se tem de evidente são estudos sobre o desemprego, as condições de pobreza e alienação em que essas famílias vivem. Da mesma forma que na migração externa (de país para país) essas famílias muitas vezes perdem o contato com a rede familiar e com a cultura, que pode ser divergente da de seu Estado de origem. Obviamente não podemos estabelecer uma comparação com a migração de país para país, na qual, antes de qualquer coisa, existe o desafio da língua diferente, mas certamente desafios existem, principalmente quando essa é a única saída vislumbrada.

Seria a migração interna um agravante nas relações familiares, na auto-estima e na criminalidade? A resposta parece ser óbvia, dada a quantidade de pessoas vivendo em situação de extrema pobreza. Entretanto, referimo-nos aqui ao rompimento nas relações com a rede familiar mais extensa e com a cultura, e não somente à falta de oportunidade de ter um emprego com condições mínimas de subsistência.

As crenças estabelecem as regras de conduta e parâmetros de continuidade de uma família, porém estão sujeitas a mudanças e atualização na evolução do desenvolvimento, do ciclo vital familiar e do mundo em geral. Quando há permeabilidade e abertura para compartilhar tais crenças, a atualização ocorre com a fluidez necessária para o desenvolvimento de novas atitudes e recursos necessários. Quando há rigidez e pouca comunicação entre os membros da família e a sociedade, a tendência é a utilização de recursos desnecessários ou inadequados às transformações vividas. Em algumas culturas podemos observar a forte influência da corrente religiosa na avaliação de um evento como sendo normal, o qual, em outra cultura, é considerado um problema. Outra influência observada nas pesquisas transculturais de McCubbin, Thompson e McCubbin (1996) com havaianos e indianos nativos, mostrou pe-

78   Capítulo 4. Família e resiliência

culiaridades na visão desses povos sobre as crianças que nasciam com déficits cognitivos ou físicos. Seja qual for a inabilidade, ela não é enfatizada, na cultura desses povos; dentre eles, predomina o foco em quaisquer habilidades que essas crianças possuam e em como podem ajudar a comunidade.

Dependendo da cultura na qual se insere, a família que não consegue fazer face a todas as mudanças do ciclo vital e atender às expectativas sociais pode ser considerada disfuncional. Walsh (1998) exemplifica com o desemprego e a pobreza, que constituem fatores para discriminação social. Nos Estados Unidos, por exemplo, quem perde a condição de dar o sustento para a própria família sente-se inferiorizado, pois o sucesso e o status são medidos em função do êxito profissional. Já em outros países, como no Marrocos, a pobreza não é considerada motivo para vergonha ou inferioridade, trata-se somente da vontade de Alá, que está além da compreensão humana.

Pensando na situação acima, a busca por recursos, a postura frente às pessoas e à sociedade em geral dependerá de como um evento é visto e do significado que lhe é atribuído pela sociedade em que se está inserido.

Um outro exemplo que posso citar, em virtude de minha experiência nos Estados Unidos, é com relação ao significado do trabalho para as pessoas. O adolescente naturalmente é incentivado pelos pais a procurar um trabalho, como meio de aprender a ganhar dinheiro e valorizá-lo. É comum encontrar adolescentes da chamada classe média trabalhando nas horas vagas como babá, como cortador de grama ou em lanchonetes.

Mesmo em algumas famílias mais abastadas, o jovem que entra para o curso universitário sai de casa para viver nos dormitórios do campus e, muitas vezes, faz um empréstimo da própria família ou da universidade para pagar seu curso, com o ressarcimento após graduar-se. Sair de casa e trabalhar é uma atitude natural, um meio de ganhar autonomia e aprender a valorizar o dinheiro.

No Brasil, observamos que o significado de trabalho para o adolescente e para a família é diferente, ou seja, trabalha quem precisa do dinheiro para suprir necessidades básicas. Em alguns casos, o adolescente trabalha porque já traz dentro de si o desejo de ser independente, ou porque a família considera importante, mas para os jovens da classe média essa não é a regra. Geralmente as famílias procuram colocar os filhos em escolas privadas, como garantia de uma boa educação, evitando a todo custo que eles sejam encaminhados para o mercado de trabalho. Conseqüentemente, trabalhar é visto como a perda da boa condição de vida familiar, por exemplo.

Imaginamos que, devido ao significado dado à situação do adolescente que trabalha, torna-se mais difícil para a família enfrentar o desemprego e a necessidade dos filhos de procurarem um trabalho, já que isso expõe a condição de dificuldade em que se encontra, estimulando sentimentos de vergonha e inferioridade.

As questões de gênero também aqui se fazem sentir com relação aos significados dados à perda de emprego pela mulher ou pelo homem. A experiência em supervisão clínica com famílias de baixa renda nos mostra o quanto é difícil para o marido não poder mais garantir o sustento da família e o efeito que isso acarreta sobre a auto-estima, quando associado à incidência do alcoolismo. Já para a mulher, a perda de emprego traz preocupação principalmente no caso de ser ela quem garante o sustento da família, mas não traz sentimentos de vergonha. Apesar da evolução do papel feminino e da entrada da mulher no mercado de trabalho, ainda não é esperado que ela cumpra integralmente as funções de provedora da família, mas, sim, que principalmente cuide de seu bem-estar. Assim, quando ela perde o emprego, rapidamente se reorganiza com outras atividades.

Uma outra questão interessante é o significado atribuído ao tipo de trabalho que se faz. É freqüente ouvirmos de crianças que o pai está desempregado, só fazendo "bicos". Parece que existe uma crença pela qual só se considera emprego e trabalho quando se possui a carteira assinada ou quando se é dono de uma empresa muito bem organizada. Lembro-me de ter ouvido, de uma criança, que se envergonhava perante os amigos, porque o pai estava desempregado. Na verdade estava fazendo "bicos", que poderiam ser considerados um

Capítulo 4. Família e resiliência

trabalho como outro qualquer. Mulheres parecem não sofrer esse problema. Como já coloquei, imediatamente se reorganizam, não para fazer "bicos", mas para trabalharem em quaisquer outras atividades, para reforçar o orçamento familiar.

A cultura americana exerce pressão para que as famílias criem raízes e se mantenham na região onde residem. Essa pressão é mantida, por exemplo, pela exigência de que o aluno estude na escola do bairro, *village* ou *suburb*, onde reside. O universitário que quiser estudar fora de seu Estado deve pagar o dobro do valor da anuidade escolar. Crianças e adolescentes possuem escola pública gratuita, desde que estudem em sua região. Seria esta uma forma de manter as redes familiares e a comunidade? Segundo informações de colegas americanos, esse não é o objetivo da fixação no Estado, mas sim uma forma de administração dos tributos estaduais, ou seja, é dado maior benefício para quem reside no mesmo local onde paga os impostos. Entretanto, essa situação acaba mantendo o crescimento e o relacionamento dentro da comunidade. Em contrapartida, a família americana educa os filhos para a independência e para a individualidade. O jovem sai de casa aos dezoito anos para estudar e trabalhar, ocasionando um distanciamento, pelo menos geográfico, entre as gerações. Os idosos de classe média e acima costumam residir longe dos filhos, em apartamentos e condomínios exclusivos (*retirements*).

Por outro lado, nas famílias brasileiras em geral, os filhos demoram mais para sair de casa e se sustentarem, e a presença dos avós e o contato deles com os netos é freqüente, o que pode funcionar como um fator protetor e suportivo para os pais. Em cidades do interior é comum encontrar famílias com as três gerações morando próximas umas das outras. Curiosamente, observei em vários casos que, quando os filhos se casam, eles procuram morar perto de uma das famílias de origem. Na população de baixa renda, a dificuldade econômica, muitas vezes, faz com que as famílias morem na mesma casa.

Pelo que pude constatar, alguns fatores de risco estão presentes, tanto na realidade brasileira, como na americana, como a alta incidência da violência doméstica, incluindo abuso sexual e espancamento, associados ao alcoolismo e ao abuso de drogas. Os casos atendidos por agências de aconselhamento familiar incluíam, na sua maior parte, as famílias de origem afro-americana e com baixa renda. Em alguns casos apresentados em supervisão, no Chicago Center for Family Health, observamos a multiplicidade de casamentos e parceiros, o abuso do álcool percorrendo três gerações e casos de abandono na infância. A vinculação com a comunidade espiritual, a presença de mentores nas escolas, o desempenho nos esportes e a presença da avó como cuidadora pareciam funcionar como fatores protetores.

A resiliência individual ou a resiliência familiar é um sistema em si mesmo, envolvendo um processo dinâmico de interação entre vários aspectos, tais como os fatores de risco e protetores (individuais, familiares e comunitários), o contexto histórico e o social, mediados pela interpretação e pela atribuição de significados.

Considerando as pesquisas apresentadas, o conceito de resiliência evoluiu de uma concepção individual, para o estudo da influência do contexto e da relação, até chegar ao conceito de resiliência familiar, tomando a família como uma unidade, possuidora de recursos e fatores protetores para o enfrentamento. Além dos fatores de risco e protetores, uma nova esfera foi acrescentada, que é a percepção compartilhada das famílias, o senso de coerência e a importância dos significados atribuídos aos eventos.

Muitas pesquisas já foram feitas para detectar traços, processos chave que estão presentes na resiliência familiar. Conforme afirmou Walsh (2001), "tais processos-chave são universais"; o que diferencia, por exemplo, é o tipo de crença religiosa que a pessoa busca como apoio, o tipo de recurso presente na rede social, ou os recursos de comunicação inerentes a cada cultura. Redefinindo, cada processo-chave deve ser considerado de acordo com a cultura em que a pessoa se insere. O relacionamento simbiótico, a autonomia e as crenças devem levar em conta a cultura em seu sentido amplo, como religião, raça, gênero.

Os efeitos dos eventos estressores parecem ser os mesmos em todas as culturas, já que ferem a dignidade humana ou a violentam, tomando como base aquilo que a pessoa sente que a faz sofrer. Assim, não se trata aqui de normalizar a violência, a fome e os abusos somente porque fazem parte das questões de gênero em determinada cultura, pois essas questões ultrapassam qualquer costume estabelecido.

Dessa forma, muitas vezes buscar recursos na própria rede social pode significar o questionamento das crenças e valores que a cultura transmite, sendo as pessoas, pequenos agentes de transformação. Mesmo que a transformação não ocorra na própria geração, ela poderá ser transmitida às gerações posteriores.

Portanto, atravessar o caminho que desenvolve a resiliência envolve, num sentido mais amplo, lutar para transformar a opressão, e aqui, então, as pessoas lançam mão dos recursos disponíveis. Quando os recursos externos não estão disponíveis, os internos são acionados, tais como as crenças religiosas, a vontade inerente de sobreviver, a crença na própria capacidade e no sentido de vida. A esperança e a perspectiva de um futuro melhor, seja para si mesmo, seja projetada nas gerações posteriores, serve como âncora para enfrentar as situações difíceis do presente.

Bibliografia

AMERICAN PSYCHOLOGICAL ASSOCIATION (APA). *PsycInfo/ PsycArticles*. Washington, 2000. Disponível no site: http:// www.psycinfo.apa.org. Acessado em 12.07.03.

ANTONOVSKY, A. & SOURANI T. "Family sense of coherence and family adaptation". *Journal of marriage and the family*. (50): 79-92. Feb., 1988.

BERNARD, B. *Fostering resilience in children*. USA, 1995. Disponível no site: http://ericeece.org/pubs.digests/1995. Acessado em 15/08/98.

Marilza T. Soares de Souza

CENTRO LATINO-AMERICANO E DO CARIBE DE INFORMAÇÃO EM CIÊNCIAS DA SAÚDE: BIREME. *Sistema latino-americano e do Caribe de informação em ciências da saúde: descrição do sistema.* São Paulo, 1996. Disponível no site: http://www.bireme.br. Acessado em: 15.07.2002.

CERVENY, C. A. O. *A família como modelo: Influência da repetição das gerações anteriores aos problemas da família atual.* Tese de Doutorado em Psicologia Clínica, Pontifícia Universidade Católica de São Paulo. São Paulo, 1992.

——————. *A família como modelo: desconstruindo a patologia.* São Paulo, Editorial PsyII, 1994.

——————; BERTHOUD, C. M. E.; COELHO, M. R. M. V. P.; OLIVEIRA, A. L. *Visitando a família ao longo do ciclo vital.* São Paulo, Casa do Psicólogo, 2002.

DICIONÁRIO AURÉLIO ELETRÔNICO SÉCULO XXI. Lexicon Informática Ltda. Versão 3.0, 1999. CD-ROOM.

FLACK, F. *Resiliência: a arte de ser flexível.* São Paulo, Saraiva, 1991.

FONAGY, P.; STEELE, M.; STEELE, H.; HIGGITT, A.; TARGET, M. "The Emanuel Miller Lecture 1992: the theory and practice of resilience". *J. Child. Psychol. Psychiat.*, 35 (Suppl. 2): 231-257, 1994.

GAYTON, W. F.; FRIEDMAN, S. B.; TAVORMINA, J. F.; TUCKER, F. "Children with cystic fibrosis: I. psychological test findings of patients, siblings, and parents". *Pediatrics*, 59 (6): 888-94, 1977.

GILGUN, J. F. *"Mapping resilience as process among adults with childhood adversities".* In: MCCUBBIN, H. I., THOMPSON, E. A., THOMPSON, A. I., FUTRELL, J. A. (Editors). *The dynamics of resilient families.* Thousand Oaks-CA: Sage Publications, 1999.

HAWLEY, D. & DE HAAN, L. "Toward a definition of family resilience: integrating life-span and family perspectives". *Family Proc.*, 35 (Suppl. 3): 282-299, 1996.

HAWLEY, D. "Clinical implications of family resilience". *The American J. of Family Therapy*, 28 (Suppl. 2): 101-116, 2000.

INSTITUTO BRASILEIRO DE GEOGRAFIA E ESTATÍSTICA (IBGE). *Memorial do imigrante.* São Paulo, 2001. Disponível no site: http://www.ibge.gov.br/ibgeteen/povoamento/index. Acessado em 05.11.2001.

Capítulo 4. Família e resiliência

JOB, J. R. P. P. *A escritura da resiliência: testemunhas do Holocausto e a memória da vida.* Tese de Doutorado, Pontifícia Universidade Católica de São Paulo. São Paulo, 2000.

MASTEN, A. S & COATSWORTH, D. J. "The development of competence in favorable and unfavorable environments: lessons from research on successful children". *American Psychologist*, 53 (suppl. 2): 205-220, 1998.

MCCUBBIN, H. I.; THOMPSON, A. I.; MCCUBBIN, M. A. *Family assessment: resiliency, coping and adaptation.* Madison-WI: University of Wisconsin Publishers, 1996.

PATTERSON, J. "Integrating family resilience and family stress theory". *Journal of marriage and the family.* 64, 349-360, 2002a.

—————. "Understanding family resilience". *Journal of clinical psychology.* 58 (3), 233-246, 2002b.

SIMON, R. *Psicologia clínica preventiva: novos fundamentos.* São Paulo, E.P.U., 1989.

SOUZA, M. T. S. *Script de vida: histórias entrelaçadas.* Dissertação de Mestrado, Faculdade de Ciências Médicas da Universidade Estadual de Campinas, Campinas, 1998.

—————. *A resiliência na terapia familiar: construindo, compartilhando e ressignificando experiências.* Tese de Doutorado, Pontifícia Universidade Católica de São Paulo, São Paulo, 2003.

STANTON, M. D. et al. "A Conceptual Model". In: *The family therapy of drug abuse & addiction.* New York, Guilford Press, 1982. Cap. 1, pp. 7-30.

THE AMERICAN HERITAGE DICTIONARY. Dictionary on CD. Houghton Mifflin Company, 2000, fourth edition. CD-ROOM.

YUNES, M. A. M. *A questão triplamente controvertida da resiliência em famílias de baixa renda.* Tese de Doutorado, Pontifícia Universidade Católica de São Paulo, São Paulo, 2001.

WALSH, F. (org.) *Normal family process.* New York, The Guilford Press, 2ª ed., 1993.

—————. "The concept of family resilience: crisis and challenge". *Family Proc.* 35 (Suppl 3): 261-281, 1996.

—————. *Strengthening family resilience.* New York, The Guilford Press, 1998.

Capítulo 5

Família e deficiência

Ângela Fortes de Almeida Prado[1]

É muito complexo escrever sobre a família na qual um de seus componentes é portador de deficiência, já que são muitas as variáveis: pode-se nascer com algum tipo de deficiência ou adquiri-la ao longo da vida. Em cada caso, o portador de necessidades especiais interage de maneira diferente.

Como a deficiência não é algo desejável, todos os membros da família têm de se adaptar a uma realidade não assimilada anteriormente. Afinal, ninguém aprende a ser mãe de uma criança portadora de deficiência antes de ter esse filho; antes disso, só se vivencia a sensação de "ser mãe". Quando a menina brinca de casinha, treina ser mãe de crianças saudáveis; e assim acontece com os outros papéis familiares, como pai, avô, avó, tio.

Famílias de portadores de deficiência têm de enfrentar obstáculos muito maiores do que qualquer outra família. A chegada de uma criança com necessidades especiais transforma o clima emocional da família de forma diferente daquela que recebe uma criança sem as

---

1. Especialista em Terapia Familiar pela PUC-SP, mestranda em psicologia clínica na PUC-SP. E-mail: fortes@pocos-net.com.br

mesmas dificuldades. Com isso, seus integrantes, que até então estavam seguros de seus papéis, têm de mudar de atitude. O impacto é grande diante da descoberta de que um dos membros tem necessidades especiais. A aceitação do fato depende, em grande parte, da história particular de cada família, de suas crenças, preconceitos, valores e experiências anteriores.

A família recebe influência de vários fatores na aceitação ou rejeição de uma criança portadora de deficiência. Sua simples presença fará com que cada membro redefina seu papel para atender às necessidades especiais, como tempo, mudanças de atitudes e de valores, além de novo estilo de vida. Na maioria dos casos, a mãe é a única a oferecer cuidados especiais ao novo membro da família. Em conseqüência, ela fica sobrecarregada, com menos oportunidade para relaxar e interagir com os demais membros da família. Do marido, em geral, será exigido que se readapte, ajude e a apóie durante a nova fase.

Além das pressões intra-sistêmicas, essas famílias também passam a sofrer pressões intersistêmicas. Parentes, amigos e conhecidos bem-intencionados começam a criar problemas adicionais, exercendo pressões sobre essas famílias, ao sugerirem tratamentos, clínicas ou médicos mais indicados do que os que estão sendo utilizados. Apesar da boa intenção, essas famílias estão muito fragilizadas e os comentários podem ser interpretados como um questionamento crítico da capacidade de tomar decisões como indivíduos maduros. Também pode ser vista como uma forma de rejeição ao filho portador de deficiência, como se dissessem "cure seu filho e o torne normal". Além disso, como a sociedade tem grande dificuldade de conviver com as diferenças, o grupo isola o diferente.

Essas manifestações também têm efeitos sobre a família, que pode ser melhor compreendida dentro de uma visão sistêmica, em que há efeitos recíprocos contínuos entre a família e a criança, a família e a sociedade, a sociedade e a criança. Qualquer mudança em um dos integrantes da família afeta os demais. A principal diferença no caso da família com um integrante deficiente é que seus problemas são intensificados por muitos pré-requisitos, necessidades e atitudes que lhe são impostas devido à deficiência.

Essa família pode atuar satisfatoriamente como mediadora entre a sociedade em que seu filho terá de viver e o ambiente mais consciente e receptivo que ela pode lhe oferecer.

A família tem uma importância que não pode ser minimizada, porque é nesse campo seguro de experiências que, primeiro, o portador de deficiência aprenderá, e comprovará continuamente, que apesar de seus limites lhe é permitido "ser".

Os pais de uma criança com necessidades especiais têm de desempenhar um novo papel e, com freqüência, são forçadas a avaliar as interações desse novo papel. Devem tentar entender atitudes e sentimentos provocados por uma nova situação para a qual há poucas orientações ou definições. Têm de enfrentar um desafio que não existiria se a criança fosse "normal". Enquanto previamente se consideravam capazes de educar os filhos em papéis bem definidos, agora enfrentam novos questionamentos, muitos dos quais talvez nunca tenham sido levantados.

Esses pais não estão, sob qualquer aspecto, mais preparados do que os demais; contudo, acabam sendo vistos como super-humanos diante das exigências de mudanças e adaptações com que se defrontam a partir do nascimento da criança com necessidades especiais. Todos esperam que eles enfrentem, de súbito, sentimentos estranhos e confusos em relação a si mesmos e ao filho. Além de ter de compreender de imediato problemas médicos ligados à deficiência da criança, espera-se que em poucos dias eles assimilem todos os fatores relacionados ao problema, para que possam aceitar e assumir as responsabilidades adicionais provocadas pela deficiência na sua vida diária. Muitas vezes, no início desse processo, a única ajuda que recebem vem do médico. Entretanto, a maioria dos profissionais não é treinada para essa situação, prevalecendo o modelo mecanicista, sem tempo a perder. Hoje, os consultórios médicos estão muito ocupados, obrigando o profissional a ser ágil no atendimento, sem condições de dedicar muito tempo a ouvir, explicar e oferecer segurança

88 Capítulo 5. Família e deficiência

aos pais para enfrentar a nova situação. Além disso, a classe médica não está preparada para isso e se sente pouco à vontade em lidar com uma situação para qual recebeu pouca formação e informação. Buscaglia diz que os profissionais freqüentemente se esquecem que, dar à luz uma criança portadora de deficiência não altera a realidade de que esses pais continuam a ser pessoas como todas as outras, e impõem a eles exigências excessivas, quando insistem para que aceitem a criança com sua deficiência de imediato:

> *Eles não precisam aceitar coisa alguma, exceto o desafio que acompanha o ato de assumir a responsabilidade de crescer, realizar seus potenciais, aprender a tornar-se um ser humano melhor, ao lado de suas crianças. Tudo o mais vem a seguir* (1993, p. 99).

O autor diz ainda que:

> *Crescer como pais é, de uma forma bem significativa, propiciar o crescimento de todas as coisas. Uma criança deficiente pode ser a chave para a realização contínua, acelerada e única de uma pessoa. Em um certo sentido, como indivíduo único, cada um de nós deve crescer de modo independente, a fim de crescer com os outros. Os pais, porém, só podem realizar isto se estiverem dispostos a aceitar o fato de que são pessoas em primeiro lugar, pais em segundo, e só então pais de uma criança deficiente* (p. 101).

Formas de enfrentamento da família da pessoa portadora de deficiência

Quando o nascimento de uma criança apresenta algum tipo de problema, cada um dos integrantes da família reage de forma diferente, uma vez que a situação provoca alteração no desempenho dos papéis. De um momento para o outro, todos têm de conviver com uma criança que não condiz com a figura desejada. Surge um grande sentimento de perda e sonhos desfeitos.

A decepção frente ao nascimento do bebê será maior ou menor em função de:

- aceitação ou não da gestação: caso a criança tenha sido rejeitada, a notícia de que o bebê é portador de deficiência pode provocar reações mais acentuadas, pois envolvem sentimentos de culpa;
- relacionamento do casal anterior ao nascimento: se a relação já não era de harmonia, o nascimento da criança com alguma deficiência pode provocar o rompimento, funcionando como ação desencadeadora;
- nível de expectativa: quanto maior o nível sócio-cultural dos pais, maior é a expectativa em relação à criança e ao futuro, e tanto maior a decepção;
- grau de preconceito: quando o casal já apresentava preconceito em relação à população dos portadores de deficiência, maior é a dificuldade de aceitar esse filho;
- posição do filho na prole: em geral a posição do primeiro filho gera grande expectativa, daí a dificuldade maior quando esse filho é portador de deficiência; também ocorre o medo freqüente em relação às futuras gerações;
- tipo de relacionamento com a família estendida: se não há boa relação dos cônjuges com as famílias de origem, o nascimento de uma criança com deficiência pode provocar falatórios, acusações e até rompimentos.

Segundo pesquisa realizada por Childs (1994), os sentimentos negativos mais freqüentes nas mães diante do filho com deficiência são:

- Culpa: 95% sentiam que tinham feito algo errado, como tentativa de aborto ou ato sexual antes do casamento.
- Negação: 95% consideravam ter havido algum erro, como troca de criança no berçário ou engano de diagnóstico.

90   Capítulo 5. Família e deficiência

- Inferioridade: 95% sentiam-se inferiores em relação ao próprio corpo, tiveram seu autoconceito diminuído ou começaram a questionar as crenças religiosas, duvidando da existência de Deus.
- Vergonha: 90% apresentavam sentimentos de humilhação, desonra e descrédito aos olhos dos outros.
- Confusão: 90% sentiam que a vida estava desarranjada, as coisas pareciam-lhes fora do lugar, ouviam palavras novas e experimentavam sentimentos e emoções nunca vivenciados.
- Desejo de morte: 80% desejavam fugir da situação, acabar com o profundo sentimento de amargura.
- Raiva: 80% demonstravam forte sentimento de raiva, sem saber contra o que ou quem dirigi-lo. Na verdade era uma reação frente a um sonho desfeito.
- Necessidade de culpar terceiros: 80% sentiam a necessidade de encontrar um culpado pelo fato: médicos, enfermeiros e marido.
- Solidão: 70% tinham a sensação de que o que estavam experimentando só acontecia com elas, algo único. Palavras com "eu sei o que você está sentindo" constituíam um insulto.
- Desamor: 60% apresentavam dúvidas de que alguém pudesse amá-las "após o que haviam feito". Algumas chegaram a pensar em divórcio.
- Infanticídio: 40% tiveram vontade de deixar a criança morrer, chegando a pensar em estratégias como: não alimentá-la, deixá-la cair, não tratar as doenças. Acreditavam ser melhor para todos. Cruel seria deixar a criança viver.
- Desamparo: 40% não sabiam o que fazer, por onde começar, o que deveria ser feito quanto aos aspectos médicos, quais as necessidades financeiras e assim por diante.

Processo de compreensão, adaptação, aceitação

Para aprender a conviver com a nova realidade, os pais de crianças com necessidades especiais passam por várias fases e apresentam diferentes reações durante o processo de compreensão/ adaptação/ aceitação deste filho. Sprovieri descreve-as da seguinte forma (1991, p. 167):

1ª fase – choque: a família se revolta e pergunta: "Por que eu?" Muitas vezes busca culpados.

2ª fase – negação: passa a racionalizar o acontecimento e busca ajuda técnica numa tentativa de engano de diagnóstico ou de cura, até as esperanças se esgotarem.

3ª fase – cólera: afasta-se do mundo para viver o luto e vê todas as pessoas como inimigas; qualquer atitude do grupo social as atinge. Reage cobrando direitos desse ser "doente"; desconfia da qualidade de tratamento e dos profissionais.

4ª fase – convivência com a realidade: a instabilidade é presente, com oscilações entre aceitação e rejeição; facilidade e dificuldade na comunicação sobre o filho e os sentimentos. A família busca razões para esconder o filho, poupando a todos da instabilidade emocional.

5ª fase – expectativa frente ao futuro: oscilações quanto a esse medo, à insegurança, sentimentos desvalorizantes, utópicos, evasivos, realistas e outros.

É importante ressaltar que essas fases não acontecem de forma seqüencial e estática, e que nem todos os pais passam necessariamente por todas elas. Podemos encontrar famílias com filhos na fase adulta, que ainda vivem os sentimentos predominantes do momento do nascimento, ou de ainda estarem depositando na instituição de tratamento a expectativa de cura e transformação total do indivíduo portador de deficiência, da forma mais próxima dos seus desejos iniciais.

Assim, observa-se que cada família passa por essas fases de forma única, e que elas dependem dos fatores citados anteriormente, tais como: o lugar que o filho ocupa na prole, as características da deficiência, o grau de preconceito de cada cônjuge, a qualidade do vínculo do casal e deste com a família extensa e vice-versa, o grau de maturidade, para assumir a responsabilidade da co-parentalidade, e assim por diante.

92 Capítulo 5. Família e deficiência

Podemos então dizer que, a forma como os pais reagem diante da deficiência do filho, vai influenciar muito no desenvolvimento dele. Se a família interpreta a deficiência como uma ameaça, produzirá ansiedade e angústia; se a interpretação for de perda, produzirá depressão; mas se a deficiência for interpretada como um desafio, os sentimentos de ansiedade e esperança serão propulsores para a busca de resolução de problemas, motivação e crescimento, não só do portador da deficiência, mas de toda família.

Classificação das famílias

Krynski (1983) propõe uma classificação dessas famílias em seis grupos, sendo:

1) famílias que, por ignorância e primarismo social, aceitam a realidade tal qual se apresenta e convivem com ela na medida do possível e do aceitável;

2) famílias que se desagregam rapidamente (total ou parcialmente) por incapacidade de aceitação e restabelecimento da homeostase;

3) famílias que buscam relativa adaptação ao novo *status*, freqüentemente baixando o nível familiar para atender às prioridades do deficiente;

4) famílias que aprendem a "conviver" com o filho deficiente, mesmo não aceitando a realidade, e continuam buscando soluções para satisfazer suas próprias dificuldades com aparente situação de adaptação;

5) famílias que, embora sem condições iniciais, conseguem restabelecer a homeostase e enfrentar a situação. Tal fato é extremamente curioso do ponto de vista social e psiquiátrico já que, paradoxalmente, a presença do deficiente é o elemento "maturizante" de toda família;

6) finalmente, famílias de alto padrão cultural e adaptativo que, reconhecendo e conhecendo o problema nos seus mais impor-

tantes aspectos, aceitam a situação real do deficiente como "pessoa" e estabelecem concreto clima de integração e normalização familiar.

O autor ressalta que se deve considerar o tipo de sociedade na qual o indivíduo portador de deficiência e sua família estão integrados e as modificações sofridas à medida que a pessoa se desenvolve em seu ciclo vital individual. Diante dessa ressalva, acredito ser importante que o profissional que vá trabalhar com essas famílias tenha consciência de que, diante das imensas dimensões geográficas do nosso país, deve-se ter uma visão ampla do que é família e da sociedade na qual a mesma está inserida. Esse cuidado evitará preconceitos e idealizações de famílias que não condizem, muitas vezes, com sua realidade regional (diferenças de linguagens, costumes, religiões, crenças e outros fatores).

Podemos encontrar também famílias que acabam designando um lugar de paciente identificado (PI) ao filho portador de deficiência, no qual são projetados todos os sentimentos negativos e não aceitos pelo grupo. É como se a família necessitasse que um de seus membros adoecesse, como sua válvula de escape. Uma família nessas condições tende a lidar com os problemas de forma rígida e deslocada, considerando que "ele é o problema" e, muitas vezes, solicita ajuda por meio dessa pessoa. É como se o sistema perpetuasse seu equilíbrio patológico, mantendo assim sua homeostase. Para Minuchin (1993), a presença de um doente crônico tem como fruto a cronicidade disfuncional da família. Entretanto, a disfuncionalidade ou não de um sistema que conta com a presença de um membro portador de deficiência vai depender também da forma como o grupo lida e aceita suas limitações conhecidas e aceita os outros membros do grupo com limitações desconhecidas.

Compreendendo a família como um sistema em evolução, é vital a participação de todos os membros na sua integração com o portador de deficiência, bem como com os demais sistemas do qual participam. Essa relação depende de como a unidade familiar se organiza, ou seja, como a família reage, interage e tenta adaptar-se aos períodos de crise em seu próprio ciclo familiar.

Uma breve visão sistêmica das famílias do portador de deficiência

Para compreender as famílias dos portadores de deficiência, sob um olhar sistêmico, é importante considerar os fatores biopsicossociais e culturais que envolvem os reflexos do problema, além de verificar seu funcionamento e a capacidade de enfrentamento e de mudanças. Também é importante observar se a deficiência destes filhos é vivida como um evento idiossincrático ou não, no ciclo vital familiar. Dentro desse contexto, levantaremos a seguir algumas questões que merecem reflexão.

Famílias com filhos portadores de deficiência sentem-se perdidas ao saber do diagnóstico e, assim, necessitam de apoio de toda a rede social, para que possam lidar melhor com a realidade inesperada. É grande a importância da família extensa nesse momento e também no futuro. Com o apoio da rede social, essas famílias estarão mais capacitadas e qualificadas para suprir seu papel fundamental.

Segundo Sluzki (1997), uma rede social pessoal, estável, sensível, ativa e confiável ajuda as pessoas em seu processo de reabilitação, enquanto que o contrário pode constituir um fator de risco para o indivíduo.

Como terapeutas familiares, podemos dizer que, ao ajudar essas famílias a ampliar suas redes sociais, colaboramos no aumento de suas chances de encontrar apoio e ajuda dentro da sociedade.

A família cumpre seu papel quando é funcional ao longo de seus ciclos evoluídos. Mas percebe-se que isso se torna difícil em famílias com filhos portadores de deficiência, pois ele é visto como uma eterna criança, que necessita de cuidados constantes, o que na maioria das vezes é feito pela mãe. Dentro de uma perspectiva sistêmica, consideramos que o que acontece com um elemento, afeta os demais. Esse pode ser um dos aspectos que colabora para a disfunção familiar, uma vez que todos acabam ficando comprometidos com a situação.

Sendo assim, estas famílias precisam ser encorajadas a disponibilizar seus recursos com maior freqüência e intensidade para poder evoluir e permitir o mesmo para todos os seus componentes. Para Andolfi (Andolfi et al., 1989), em famílias saudáveis, a diferenciação individual e a coesão grupal são garantidas pelo equilíbrio dinâmico estabelecido entre os mecanismos de diversificação e os de estabilização. Se não existir essa diferenciação, o sistema familiar não evolui. A falta de autonomia resulta em pessoas que coexistem apenas no nível de funções, ou seja, cada um vive como uma função do outro.

Na maioria das vezes, encontramos famílias de deficientes que cumprem seu papel quanto ao pertencimento do indivíduo, mas falham enquanto sistema que possibilita a diferenciação. Em geral, essas famílias desenvolvem mecanismos depressivos ou superprotetores, que provocam no filho portador de deficiência condutas infantilizadas e de dependência, impedindo-o de crescer e ter autonomia. Esse parece ser outro aspecto que merece atenção dos terapeutas envolvidos com estas famílias.

Deficiência e o ciclo vital familiar

Os conceitos encontrados sobre ciclo vital da família tentam desenvolver uma seqüência de etapas mais ou menos previsíveis, marcadas por transições e tarefas específicas de cada momento em determinado contexto.

Segundo Cerveny,

> *o ciclo vital familiar é um conjunto de etapas ou fases definidas sob alguns critérios (idade dos pais, dos filhos, tempo de união do casal, entre outros) pelos quais as famílias passam desde o início de sua constituição em uma geração, até a morte dos indivíduos que a iniciaram* (2002, p. 21).

Cada etapa do ciclo vital implica no desempenho de tarefas inerentes a cada idade e o papel que seus membros desempenham. Com o passar do tempo, as idades, as capacidades e as obrigações de seus membros mudam e, com isso, é necessário que a organização familiar se reestruture para acompanhar essas mudanças.

Em 1995, Cerveny propôs uma caracterização do ciclo vital familiar diferente da disponível na literatura estrangeira, que foi analisada e comprovada por meio de uma pesquisa desenvolvida em 1996/1997 por Cerveny, Berthoud e colaboradores, realizada com famílias paulistas de classe média.

Essa nova proposta apresenta quatro etapas, não rigidamente circunscritas:

1) família em fase de aquisição;
2) família em fase adolescente;
3) família em fase madura;
4) família em fase última.

A questão é tentar entender como as famílias dos portadores de deficiência transitam por essas fases, uma vez que elas vivenciam algumas das transições do ciclo de vida normativa, mas, além disso, se deparam com transições do ciclo de vida idiossincrática em virtude de sua natureza diferente ou rara.

Em geral, a chegada do filho portador de deficiência, assim como de outros, acontece na fase de aquisição do ciclo vital familiar, e observa-se que esse período se prolonga além do esperado, mantendo a família paralisada entre a fase de aquisição e a fase adolescente. A família apresenta grande dificuldade para avançar para outras etapas necessárias à evolução do sistema familiar.

Essa é uma questão que precisa ser melhor explorada, mas podemos levantar alguns aspectos. Na maioria das vezes, encontramos famílias que já estão cansadas de "enfrentar batalhas", e é sabido que para a evolução do sistema familiar é necessária certa desorganização, para depois haver novas adaptações. Talvez esse movimento seja visto como muito exigente para quem já vem percorrendo um caminho nada fácil. Então, geralmente, nos deparamos com famílias que já não querem mexer muito no que está sendo considerado "confortável" para elas.

Outra questão é a falta de esperança que recai sobre essas famílias. Quando os portadores de deficiência param de evoluir, por falta de condições externas ou próprias, a família também paralisa a sua evolução. E o contrário também acontece, ou seja, quando ela não mais evolui, o filho portador de necessidades especiais tem suas chances de continuar se desenvolvendo quase anuladas.

Outro aspecto levantado é que, muitas vezes, as famílias são forçadas a se ajustar a atividades preconceituosas. Formam um elo comum de incapacidade e refugiam-se em si mesmas. Com essa atitude, demonstram preferir o isolamento a ter de enfrentar as atitudes preconceituosas que a sociedade tem para com elas.

Podemos entender, então, que as questões aqui levantadas devem ser aprofundadas, para que se revertam em ações de auxílio a essas famílias, beneficiando o trabalho dos profissionais envolvidos na questão, além de contribuir para a ampliação da discussão em torno das necessidades das famílias de pessoas portadoras de necessidades especiais e que,a partir desse elementos, possamos participar da construção de uma sociedade que respeite as diversidades da existência humana, eliminando os rótulos, sejam das pessoas portadoras de necessidades especiais, sejam de suas famílias.

Bibliografia

ANDOLFI, M.; NAGELO, C.; MENGHI, P.; NICOLO-CORIGLIANO, A. M. *Por trás da máscara familiar.* Porto Alegre, Artes Médicas, 1989.

BUSCAGLIA, L. *Os deficientes e seus pais.* São Paulo, Record, 1993.

CERVENY, C. M. O. *A família como modelo: desconstruindo a patologia.* Campinas, Editorial PSY II, 1994.

_____; BERTHOUD, C. M. E. *Família e ciclo vital: nossa realidade em pesquisa.* São Paulo, Casa do Psicólogo, 1997.

CERVENY, C. M.; BERTHOUD, C. M. E. *Visitando a família ao longo do ciclo vital*. São Paulo, Casa do Psicólogo, 2002.

CHILDS, R. E. (1994). "Maternal psychological conflicts associated with the birth of a retardad child". *Maternal child nursing journal*. University of Northem Colorado, USA. In: *Família e profissionais rumo a parceria*. Trad. Maria Amélia Vampré Xavier. Brasília, 1997, pp. 18-19.

KRINSKI, S. (Coord.). *Serviço social na área da deficiência mental*. São Paulo, Almed, 1983.

MINUCHIN, S. *A cura da família*. Porto Alegre, Artes Médicas, 1993.

—————. *Família: funcionamento e tratamento*. Porto Alegre, Artes Médicas, 1982

SLUZKI, C. E. *A rede social na prática sistêmica:alternativas sistêmicas*. São Paulo, Casa do Psicólogo, 1997.

SPROVIERI, M. H. S. *A socialização da criança portadora de síndrome de Down pela família: uma proposta*. Dissertação de Mestrado, PUC-SP, São Paulo, 1991.

Capítulo 6

Família e lei

Evani Zambon Marques da Silva[1]

À guisa de introdução

Os dados divulgados pelo último censo do Instituto Brasileiro de Geografia e Estatística (IBGE) confirmam o que a população em geral e, mais especificamente, os profissionais que atuam de formas diversas com famílias estão percebendo em sua prática cotidiana. Na atualidade novas formas de organizações familiares crescem vertiginosamente, deixando entrever números que forçosamente farão com que se olhe as mudanças que vêm ocorrendo na estrutura familiar de forma mais cuidadosa e individualizada.

Os resultados levantados pelo IBGE e divulgados em 2002 mostram que 47% dos domicílios são constituídos por famílias nas quais um dos pais está ausente. A incidência de famílias mono-

---

1. Psicóloga formada pela PUC-SP, mestre e doutoranda na mesma instituição; psicóloga judiciária; professora universitária; coordenadora de pós-graduação em psicologia da UNIFMU; especialista no método de Rorschach e em psicologia jurídica (título conferido pelo Cons. Federal de Psicologia); autora de livro, e artigos na área da psicologia jurídica. E-mail: ezms@uol.com.br

parentais e também daquelas compostas por outros tipos de arranjos vem aumentando, como mostra a figura abaixo.

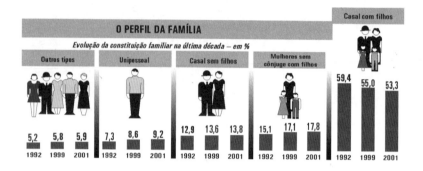

Na pesquisa sobre as estatísticas do registro civil de 2002, há a indicação que a taxa de nupcialidade, ou seja, aquela que aponta o número de casamentos realizados, estabilizou-se desde 2001, após um movimento de queda durante todo o período dos anos 90.

No ano de 2002 houve um aumento dos casamentos em 1% em relação a 2001, embora esse número represente um patamar 4% inferior, quando comparado ao ano de 1991. Esse discreto crescimento é atribuído, pelo próprio IBGE, a diversos incentivos surgidos na sociedade, tais como as cerimônias coletivas realizadas por diversas prefeituras, que acabaram por legalizar as uniões consensuais.

De qualquer forma, na avaliação do IBGE a diminuição das uniões legais são um indício de que o casamento formal vem perdendo força no país, cedendo espaço às mais diferentes configurações de uniões informais.

Diversas famílias vêm se constituindo de forma diversa do modelo ideal concebido pelos ideais burgueses, muito embora elas não possam ser consideradas uma invenção da história contemporânea. Pesquisadores como Fonseca (1987), Samara (1989), Del Priore (1994) e Sarti (2003) já nos explicavam que na época do Brasil colonial algumas famílias – como as chefiadas por mulheres – já existiam. Mas é inegável que todo o contexto cultural e político vem alargando as possibilidades de diferentes configurações familiares surgirem, permitindo também um maior questionamento sobre os valores familiares e o paulatino surgimento de maiores espaços para que a realização individual das pessoas passe a ser mais valorizada que outrora.

Diferentes maneiras de estar juntos vêm se impondo na atualidade e descortinando uma situação que foge às previsões científicas e religiosas: a família não acabou, só vem se transformando e, inclusive, como afirma Roudinesco (2003) em seu estudo sobre os rumos atuais tomados pela instituição familiar, vem se comportando bem e garantindo a reprodução de suas gerações.

Partindo de um prisma pós-moderno, em que há total aceitação dos trânsitos entre diferentes realidades, da descontinuidade, da desordem que na verdade busca outras formas de ordem, podemos dizer que a família atual se organiza de forma a renunciar o individualismo patriarcal para contextualizar outros padrões e comportamentos que são sentidos como mais legítimos e verdadeiros.

Vaitsman (1994), em seu estudo que analisa as transformações no casamento e na família nas ultimas décadas, valoriza o rompimento da dicotomia entre o público e o privado, atribuindo às mulheres a colocação em xeque de uma natureza feminina cujo lugar social era exclusivamente o mundo privado. Suas conclusões indicam que quando homens e mulheres passaram a se definir como iguais e autônomos, sua estabilidade tornou-se frágil e passaram a agir mais em conformidade com as necessidades individuais.

Dentro disso, a crise da família conjugal moderna está muito mais fundada nessa dicotomia instituída pelas sociedades modernas, que impunham, de certo modo, um conjunto de práticas e valores únicos que vêm sendo assimilados hoje como tendo um duplo movimento, como sendo uma instituição que realmente permite e abriga a diversidade.

Há o questionamento acerca da possibilidade única de um indivíduo ser feliz em uma família ou com o casamento, mesmo porque entende-se que não há um único padrão institucionalizado para a

102   Capítulo 6. Família e lei

felicidade, em relação ao qual todos os outros devem ser analisados ou julgados.

Para Vaitsman (1994), permanece nos casamentos pós-modernos a tentativa de resolver o conflito entre o individual e o coletivo, só que não se pretende mais transformar duas individualidades numa singularidade, por meio da complementaridade absoluta da relação. A fragmentação e os limites dados pela individualidade incorporam-se à visão de mundo.

Pensando sob um outro prisma, podemos dizer que os estudos sobre a parentalidade socioafetiva – ou seja, aquela cujos vínculos não são definidos pela consangüinidade, mas constroem-se sobre bases emocionais, afetivas e vinculares – vêm contribuindo sobremaneira para que possamos analisar essas novas organizações familiares a que estamos nos referindo.

A parentalidade aqui mencionada foi estudada por Berthoud (2003) e definida como experiência relacional de profundo significado psicológico. Seu trabalho discute importantes conceitos, como o de parentalidade de segunda ordem, que se refere basicamente à percepção de modificações em filhos, pais e mães, no contexto social em que se inserem, que impulsionam mudanças na estrutura relacional entre eles.

Os resultados do estudo indicam que a parentalidade é uma experiência de vida em constante transformação, vivida por meio da adoção de diferentes e múltiplos papéis, que podem ser estabelecidos como relações únicas com cada filho, por exemplo.

No mesmo sentido, ao explicar sua conceituação de família sob a ótica sistêmica, Cerveny afirma que "cada membro da família influencia os outros sendo ao mesmo tempo influenciado" (1994, p.26). Tais influências constituem o cotidiano da vida em família e propiciam que cada família construa sua própria história.

Ainda sobre a parentalidade socioafetiva, podemos afirmar que ela vem se transformando em um valor que já é acolhido nos tribunais brasileiros, que buscam estar em sintonia com as mudanças de costumes ocorridas no bojo da sociedade.

Fachin (2003), referindo-se ao Novo Código Civil Brasileiro (Lei 10.406, de 10 de janeiro de 2002), infere que o parentesco pode derivar do laço de sangue, do vínculo adotivo ou de outra origem, sendo esta última o laço socioafetivo. Cita os próprios avanços da biomedicina para exemplificar o quanto os vínculos afetivos são construídos, ainda que na ausência do biologismo, fazendo posteriormente uma clara distinção entre paternidade e ascendência genética.

Segundo Giddens (1993), as mudanças na família que vêm acontecendo na atualidade, impõem demandas e ansiedades aos indivíduos, para as quais é preciso buscar enfrentamentos. A transformação da intimidade é discutida pelo autor de forma a dimensionar o casamento contemporâneo como o espaço em que o amor romântico se fragmenta, justamente pela crescente autonomia da mulher. A expressão "para sempre e único", que demarcava o amor romântico, foi substituída na atualidade por um "amor confluente", que pode ser definido como um amor ativo, que prevê igualdade no dar e receber afeto e se desenvolve a partir da intimidade.

> *Quanto mais o amor confluente consolida-se em uma possibilidade real, mais se afasta da busca da **pessoa especial** e o que mais conta é o **relacionamento especial*** (Giddens, 1993, p. 72, grifo do autor).

Nessa transição, pensamos que muito se perde ou se dilui no tocante à bagagem cultural (valores e tradições, por exemplo), sendo que comungamos com as idéias de Sarti (2000) sobre o quanto as mudanças ocorridas na família contemporânea estão atreladas à perda do sentido da tradição. Se é fato que a tradição vem sendo abandonada como em nenhuma outra época da história, então o amor, a família, a sexualidade e o trabalho, antes vividos a partir de papéis preestabelecidos, passam a ser concebidos como parte de um projeto em que a individualidade cresce e adquire cada vez mais importância social.

104 Capítulo 6. Família e lei

A autora nos ensina que a partir do momento em que existe espaço social para o desenvolvimento de uma dimensão individual, surgem os conflitos no exercício dos papéis familiares em sua forma mais tradicional.

> *As pessoas querem aprender, ao mesmo tempo, a serem só e a* **serem juntas***. Para isso, têm que enfrentar a questão de que, ao se abrir espaço para a individualidade, necessariamente se insinua uma ou outra concepção das relações familiares* (Sarti, 1993, p. 43, grifo do autor).

Ao escolherem seus modos de organização familiar, as pessoas necessitam não só assumir tais escolhas, mas, muitas vezes, construírem uma identidade. É só pensar sobre o nosso próprio modo de nos inserir na família biológica e na família que construímos, e refletir sobre os compromissos feitos, o grau de coerência mantido, as recusas, as obrigações e tantas outras coisas.

Giddens (1993) assinala que à medida que o indivíduo ganha autonomia, ele não só reconhece o outro e respeita suas capacidades, mas também percebe que o desenvolvimento de suas potencialidades separadas não é uma ameaça. Há a consciência de direitos e deveres, na definição do que vem a ser realmente a intimidade.

Pensamos que, apesar dos avanços, a inserção em novos contornos familiares pode ser extremamente conflitiva e bem distanciada do caminho que leva à satisfação individual. Muitos indivíduos permanecem fixados – ainda que inconscientemente – em papéis adquiridos ou desenhados anteriormente. Rocha-Coutinho (1994), que estudou a mulher brasileira nas relações familiares, discutiu o quanto ela hesitou em abandonar o domínio privado, ou melhor dizendo, em abrir espaço para a divisão de tarefas, ainda que desejasse sobremaneira adentrar os espaços públicos. Parecia haver uma tentativa de continuar mantendo o controle do terreno doméstico, o que causava sobrecarga pelo evidente acúmulo de tarefas.

*É necessário o abandono de um só modelo, parte da velha ordem patriarcal – aos machos caberia um papel, às fêmeas, o papel oposto, sempre em padrões rígidos –, danoso não só às mulheres como também aos homens. É preciso que mulheres e homens entendam que o fundamental não é buscar o modelo, mas sim **um** modelo que atenda aos interesses de ambos e tentar alcançar, desta forma, juntos, a terceira margem do rio* (Rocha-Coutinho, 1994, p. 240, grifos do autor).

Para a transformação, haveria a necessidade de que cada elemento "familiar" fosse levado a rever suas convicções, iniciando um processo que Giddens (2000) descreve como "comparação do familiar com o não familiar, do conhecido com o desconhecido". E o resultado disso é a revisão e o questionamento das relações familiares, que podem levar a posicionamentos mais coerentes e verdadeiros.

Os estudos que apontam também para o surgimento de um novo homem a partir das transformações femininas e recortes pluridisciplinares devem ser considerados, sendo que, só para citarmos alguns, temos os trabalhos de Nolasco (1993), Badinter (1993), Cushinir (1994), Souza (1994), Silva (1999), Jablonski (1999) e Muskat (2003). Muitos deles trabalham com a idéia de desconstrução do masculino e sua transição na pós-modernidade.

A lei e as transformações na família

Apesar de todas as transformações em voga, que nos remetem certamente a incursões por questões complexas e realidades de reconhecida transformação, a família não perdeu o que lhe é essencial, ou seja, como diz Carvalho (2000), não perdeu suas possibilidades de proteção, sociabilização e criação de vínculos relacionais.

Qualquer que seja o formato encontrado ou a transformação empreendida, ou que ainda esteja em questionamento, há que se ter

106   Capítulo 6. Família e lei

claro a responsabilidade do Estado em sua função de garantir e assegurar a proteção básica aos indivíduos, conforme sugere a mesma
autora.

No âmbito da família, os avanços da sociedade clamaram por
novas leis que assegurassem o direito dos cidadãos em face às inúmeras mudanças que vêm ocorrendo.

A Constituição Federal de 1988 dedicou um capítulo inteiro à
família, destacando também seus componentes que exigem um olhar
especial – a criança e o idoso. No Capítulo VII, do Título VIII, que
se refere à Ordem Social, o título dado é "Da Família, da Criança, do
Adolescente e do Idoso".

A Carta de 1988 continua privilegiando a família nuclear, como
aquela em que prevalecem as relações de afeto, solidariedade e co-
operação, pairando, ainda, a reafirmação do casamento como a forma legal e ideal da constituição da família. No entanto, já abre
espaço para outras entidades familiares tais como a monoparental
e a união estável.

Os progressos jurídicos ficam evidentes também em face do
Novo Código Civil (promulgado em 2002, entrando em vigor em
janeiro de 2003) que, segundo leciona Pimentel (2002), elimina normas discriminatórias de gênero, como por exemplo: as referentes à
chefia masculina da sociedade conjugal; a preponderância paterna
no pátrio poder e a do marido na administração dos bens do casal,
inclusive dos particulares da mulher; a anulação do casamento pelo
homem, caso desconheça o fato de ela já ter sido deflorada; a deser-
dação de filha desonesta que viva na casa paterna. Traz inovações
também ao introduzir expressamente conceitos como os seguintes:
direção compartilhada, em vez de chefia masculina da sociedade
conjugal; poder familiar compartilhado, no lugar da prevalência paterna no pátrio poder; a palavra "pessoa" em substituição ao termo
"homem", quando usado genericamente para referir ao ser humano;
permite ao marido adotar o sobrenome da mulher; a guarda dos filhos passa a ser do cônjuge com melhores condições de exercê-la,
dentre muitos outros aspectos.

A evolução das leis ocorridas em nosso país. foi extremamente lenta, sendo que um marco importante, sem dúvida alguma, foi a Constituição de 1988, estabelecendo normas de igualdade material entre homens e mulheres, inclusive no casamento. Em função de todo o ordenamento jurídico brasileiro não ter sido incorporado de imediato à legislação civil infraconstitucional, tivemos toda a discussão do Novo Código Civil, que, como já mencionado, entrou em vigor em 2003, ou seja, 5 anos após à Carta constitucional, e também após longos 26 anos de tramitação na Câmara e no Senado Federal.

No Brasil, o direito da criança foi construído por meio de crescentes e constantes mudanças na sociedade. As legislações foram evoluindo paulatinamente, sofrendo diretamente pressões sociais e políticas das mais diversas. Aliás, no panorama internacional, a proteção da criança e do jovem vem se constituindo como algo fundamental também, sendo que há uma busca constante de se construir um sistema jurídico razoável, ou seja, que realmente zele integralmente pela infância e juventude.

A legislação atual infantil teve suas bases calcadas em diversos documentos internacionais, dentre os quais podemos destacar a Carta dos Direitos da Criança de 1924, também conhecida como Carta de Genebra, e a Declaração dos Direitos da Criança, de 1959. O Brasil é signatário do Pacto de San José Da Costa Rica, que vem a ser uma Convenção Americana de Direitos Humanos, aprovada em 22 de novembro de 1969, e da Convenção sobre os Direitos da Criança, adotada pela Assembléia Geral das Nações Unidas em 1989 e ratificada pelo Brasil em 1990.

A Constituição Federal, e a própria evolução do direito de família, que pressupõe cada vez mais que o poder familiar passe a ser menos poder e mais dever, indica que a natureza jurídica e a dignidade da criança e do adolescente são um verdadeiro direito fundamental do homem, e a convivência familiar pode ser amplamente protegida pelo Estado.

Assim, é possível afirmarmos que o poder familiar é de ordem pública, não sendo mais algo inatingível e nem mais subordinado a

108 Capítulo 6. Família e lei

uma ordem hegemônica dada, já que a conduta arbitrária ou abusadora dos genitores poderá provocar a intervenção do Estado em favor da criança ou do adolescente.

A transcendência do direito privado para o publico fica evidente quando, na mesma linha da Constituição de 1988, o Estatuto da Criança e do Adolescente (ECA), ao regular a guarda, praticamente passou a não mais considerá-la como um simples depósito de criança ou adolescente, atribuindo deveres no sentido de prestação de assistência material, moral e educacional.

Um pouco da prática com famílias e leis

Citando Norberto Bobbio, um dos grandes pensadores do século XX, gostaríamos de tornar clara nossa identificação com alguns de seus pensamentos, dentre os quais destacamos:

> *Na atualidade, não mais nos deparamos com a questão da fundamentação dos direitos do homem, mas sim da proteção deles, devendo-nos preocupar qual é o modo mais seguro para garanti-los, para impedir que, apesar das solenes declarações, eles sejam continuamente violados* (Bobbio, 1992, p. 25).

Pensamos que, nesse momento, é importante fazer o recorte específico e explicitar sob qual lente iremos destacar as famílias e as leis, uma vez que o local de nossa atuação profissional não só baliza nossa prática, mas delineia uma postura, muitas vezes, tão peculiar, que entra em choque com as discussões mais teóricas, em que apenas os preceitos psicológicos estão contemplados.

O lugar profissional em que nos situamos é privilegiado no sentido de assistirmos não apenas à diversidade das novas configurações familiares, mas também aos conflitos emanados de tais configurações, e, muitas vezes, também pela exacerbação da necessidade imediata da realização das vontades pessoais e da valorização do individualismo acima de diversos possíveis arranjos que possam em alguns momentos solicitar concessões ao bem-estar mais pessoal. Atuamos em psicologia há 17 anos, integrando os setores técnicos do Tribunal de Justiça do Estado de São Paulo. Esse local nos permite olhar as organizações familiares de uma forma muito específica e extremamente significativa, quando nos voltamos, por exemplo, para a situação das crianças e dos adolescentes nessas novas configurações.

Nosso percurso na psicologia jurídica teve seu início nas Varas de Infância e Juventude (de 1987 a 1991), onde era possível acompanhar dramas familiares, como os existentes em casos de violência doméstica, adoções, suprimentos de idade para casamento, guardas, tutelas, problemas de comportamento diversos que demandavam, muitas vezes, uma institucionalização, crianças abandonadas e muitos outros. Nesse espaço, propúnhamos trabalhos que visavam a integração das famílias por meio de diversas técnicas psicoterapêuticas, que, ainda que breves, tinham a função de sensibilizá-las para que a solução dos problemas pudesse vir como um fruto do crescimento delas próprias.

Nas Varas de Infância e Juventude as pessoas atendidas iam sendo conduzidas, em conformidade com o diagnóstico do quadro, ao equilíbrio e a novas alternativas para a resolução de seus conflitos. Os encaminhamentos eram realizados, acompanhados e, mais tarde, avaliados quanto a sua efetividade e seu aproveitamento. Havia um contato estreito com os recursos da comunidade, seus alcances e seus limites.

No início da década de 90, passamos a integrar um outro local de atuação profissional, o setor de Psicologia das Varas de Família e Sucessões, onde atuamos até a presente data, podendo realizar avaliações das mais diferentes famílias que buscam no Poder Judiciário uma forma de ter a garantia e a preservação de seus direitos e suas necessidades, assim como os da prole.

O lugar ocupado pelo psicólogo nesse setor é o de perito, ou seja, aquele que realiza uma avaliação da situação familiar e emite

110 Capítulo 6. Família e lei

opinião sobre qual seria o arranjo que melhor atenderia as necessidades da criança, conforme disciplina o Estatuto da Criança e do Adolescente (Lei N° 8069, de 13 de julho de 1990) e outros diplomas legais, como o Código Civil de 2002 e o Código de Processo Civil, de 11 de janeiro de 1973, que por meio da lei federal 8455, de 24 de agosto de 1992, fez importantes alterações na tarefa pericial.

Mais recentemente, os psicólogos atuantes nas Varas de Família do Tribunal de Justiça de São Paulo têm sido solicitados a ampliar seus serviços no sentido de atuar como mediadores dos conflitos, na tentativa de resgatar a autonomia – emocional, decisória, intelectual – do rumo dos próprios conflitos emanados. A perícia em alguns casos, entra em um segundo momento, após esgotadas algumas tentativas de resolução da disputa.

Os estudos que discutem os meandros da atuação do psicólogo nas esferas jurídicas são recentes e demarcados por correntes teóricas diversas. Dentre eles, podemos destacar alguns (Shine, 2003, Castro, 2003, Rovinski, 2000, Miranda, 2000, Suannes, 2000, Assis e Silva, 2000, Silva, 1999, 2001, Brito, 1999, Martins, 1999, Ortiz, 1986) que, apesar de guardarem diferenças de posicionamentos, apresentam com certa uniformidade a necessidade do profissional estar comprometido com os efeitos e com a medida judicial sugerida.

Ao nos depararmos com famílias acometidas por conflitos e desavenças desesperadoras, que procuram o judiciário para que as auxilie no "desenrolar" da contenda, estamos quase que invariavelmente em face de urgências. O filho precisa comer e a pensão não vem sendo depositada; a criança precisa ser acolhida em alguma instituição porque os responsáveis estão desempregados e vem expondo a criança aos perigos da rua; o silêncio familiar foi rompido de algum modo e as tentativas de abuso físico/sexual da criança vieram à tona; o bebê saiu em visita com familiares paternos e não retorna há dias; as crianças estão sob tortura psicológica e coação; a mãe se droga e expõe os filhos à perigos diversos; a família denuncia a suposta loucura de um membro e pede sua interdição; a filha tem medo dos gestos incongruentes da mãe; o pai ameaça matar os filhos caso...

Como dispensar ou minimizar a importância da lei nos citados exemplos? Como disciplinar de forma urgente um caos vigente, de modo a salvaguardar os membros numa perspectiva imediata, que se não for usada, pode, em última instância, agredir a integridade física? Por que temos tantas dificuldades em estabelecer parâmetros mínimos para o funcionamento familiar?

Será que as diversas e rápidas transformações da família em nossa sociedade vêm conseguindo proteger a prole? De que forma essa proteção vem se dando e qual sua efetividade?

Essas são algumas das questões com as quais nos deparamos em nosso cotidiano profissional, no qual, de alguma forma, somos chamados a intervir nas urgências, não apenas com mais perguntas, mas principalmente com propostas de possíveis soluções para o "desenrolar" do conflito.

Se algumas estratégias deveriam ter sido feitas e não foram – e aqui saliento o cumprimento e a viabilização integral do ECA, pelos competentes seguimentos da sociedade –, se algumas estratégias podem ser viabilizadas mas seus resultados virão à médio ou longo prazo – tais como a psicoterapia e a terapia familiar – como (essa é a nossa questão) virar as costas para a possibilidade da ajuda e da intervenção imediata?

Salientamos que trabalhamos para a necessária criação de um pano de fundo, a partir do qual um verdadeiro trabalho de prevenção poderá ser instalado para vir ao encontro das famílias que buscam o judiciário como forma de dirimir seus conflitos.

Acreditamos nas idéias debatidas pelo juiz argentino especializado em família e saúde mental Cardenas (1988) acerca da necessidade de se dar apoio às famílias para que efetivamente consigam resolver por si os seus próprios conflitos. O autor debate as idéias de Minuchin (1983) sobre a necessária substituição de um sistema antagônico nos tribunais, para um sistema de apoio. Tal sistema discutido pelo autor é composto não só por profissionais que integram uma equipe, mas também pelos próprios advogados da causa, que são envolvidos e estimulados a discutir a questão e facilitar o diálogo.

Capítulo 6. Família e lei

O responsável que tem o caso sob seu encargo se compromete a discutir sempre a situação com o juiz que ratifica ou retifica as orientações dadas e, em casos muito especiais, transforma-as em diretivas (Cardenas, 1988, p. 29).

Em nosso meio profissional, pelo tipo de demanda emocional que nos chega envolvendo diferentes tipos de construções familiares, pensamos que há um espaço excelente para que possamos oferecer ajuda, apoio e também diagnóstico e diretrizes em muitos casos.

Muitas vezes, entendemos que as pessoas conhecem o rumo a ser seguido, conhecem racionalmente a melhor solução para aquela briga, mas não admitem e delegam a solução a um terceiro – no caso, o Judiciário.

Como exemplo, podemos citar um caso em que pai e mãe discutiam a melhor maneira de visitar um bebê de 6 meses de idade, que atravessou difíceis momentos pré e pós natais, devido a prematuridade, e que estava sob a guarda da mãe desde o nascimento. A mãe só aceitava que as visitas fossem em sua casa ou sob vigilância da avó materna; o pai não admitia isso e queria desenvolver intimidade com seu bebê longe dos olhares maternos. Só que desde o início, faltava às visitas, não avisava, ficava nervoso quando chegava e o bebê estava dormindo, temia pegar as moléstias do bebê em face das quais não se sentia imunizado. A mãe passou a julgá-lo incapaz até aquele momento e via riscos em permitir a saída de um bebê totalmente indefeso com aquele "sujeito". Conosco, o pai "subliminarmente" confidenciava que realmente achava difícil se acertar com um bebê ainda tão pequeno, mas, de qualquer modo, não queria dizer isso à mãe, queria que isso fosse analisado por profissionais competentes e definido posteriormente por um juiz.

Tendo em vista que o tribunal é o lugar por onde passa o maior número de famílias de pais separados, isso já o assinala como o local ideal para orientar e ajudar.

Essa orientação chega por meio de alguém que tem peso moral e legal na sociedade: o juiz. Sua autoridade é legítima e paternal, bem usada, atua como uma força estruturante em uma família desestruturada. Sua presença como protetor de todos, mas em especial dos mais débeis [...] guarda a idéia que as pessoas tem do juiz. Sua figura é também mediadora entre os rancores e os desejos de vingança [...] Cada pai separado, embora submerso na depressão ou envolto na ira, trata de manifestar na frente do juiz o melhor de si mesmo, e isto é bom. As orientações penetram com maior facilidade (Cardenas, 1988, pp. 58-59).

Em face do nosso exercício profissional, estamos convencidos que o psicólogo está dentro dos tribunais não apenas para atender ao juiz, mas sim às famílias que o procuram, sendo a promoção da saúde mental seu objetivo primeiro. No entanto, não podemos ignorar que essas famílias vêm em busca da lei e da autoridade, representadas não só pela instituição em si, mas pela própria figura do juiz. Então, nosso objeto de trabalho chega até nós pelo veículo que é o poder judiciário.

Em estudo anteriormente realizado, já tivemos a oportunidade de discutir essa inserção, afirmando que:

Apesar de constituir senso comum o necessário conhecimento do universo em que se trabalha, muitos profissionais isolam-se nas inúmeras demandas oriundas, focando-se única e exclusivamente no indivíduo que está a sua frente. Ao nosso ver isso constitui um equívoco, isolando o psicólogo jurídico dentro do seu saber científico. Nossos clientes são: os indivíduos que estão a nossa frente, os juizes que nos encaminharam suas dúvidas e questionamentos e a própria instituição que recepciona e cuida – de alguma forma – dessa clientela que busca soluções e saídas da problemática vivenciada. A eles devemos direcionar nosso trabalho, a promoção da saúde mental e as proposições para futuras alterações que, na prática, visam a melhoria da qualidade de vida dos indivíduos de forma geral (Silva, 2002, p. 108).

Dessa forma, abrem-se, ao nosso ver, os caminhos da interdisciplinaridade, que desencadeia uma transformação institucional, representada pela interface da atuação entre Psicologia e Direito, mais adequada ao bem da sociedade e do homem, o que, na ótica de Japiassú (1991), enfatiza o homem enquanto ser social, dotado de afetividade sempre em relação com outros numa determinada cultura.

Não se trata de apresentar, em nossos laudos, verdades como sendo "ficções psicológicas", ou de nos valer de "verdades cartesianas para garantirmos uma onipotência narcísica", como prematuramente afirmava Barros (1999, p. 435), referindo-se a um trabalho apresentado em 1995, por ocasião da I Semana da Psicologia da PUC-MG. Tais demonstrações podem fazer parte do repertório de alguns profissionais, mas não daqueles que se aprimoram e revêem sempre seus conceitos e paradigmas, buscando posições éticas cuidadosamente lapidadas com o que vem a ser as reais necessidades para o desenvolvimento – amplo – de uma criança. Ao menos em tese, pode haver profissionais que não sabem ou temem assumir preceitos fundamentais acerca do que uma criança necessita minimamente para crescer forte e saudável, além de leite e cobertor.

Como anota Cezar-Ferreira (2000), a interdisciplinaridade é uma mentalidade que implica na crença da possibilidade de construção de novas realidades.

A visão interdisciplinar que a psicologia jurídica vem buscando junto aos tribunais é o verdadeiro resgate da dignidade da pessoa humana, enquanto ser que pensa, vive e é dotado de subjetividade. Transformar as pessoas não apenas em sujeitos de direitos, mas em indivíduos dignos e em plenas condições de exercer sua cidadania, tem sido o lema dessa grande área, que pela sua importância foi alçada a uma especialidade pelo Conselho Federal de Psicologia em 2001 (Resolução CFP Nº 002/2001).

As famílias são orientadas e avaliadas tendo em vista não mais padrões de conduta únicos, mas sim uma avaliação acerca de como foram constituídas e como estão atendendo às necessidades básicas das crianças. A partir daí são sensibilizadas para a necessidade do resgate da dignidade, que pode ser traduzida como o resgate de sua própria autonomia em conduzir sua vida e seus problemas.

Dentro das instâncias jurídicas, e em face do drama familiar de quem as procura, o psicólogo tem a real dimensão do valor da lei, da sua importância para a organização da vida em sociedade e vale-se dela como uma aliada para auxiliar aqueles casos atravessados, inclusive por acentuada periculosidade, quer seja física ou emocional. Geralmente apenas mediante a realização de uma avaliação meticulosa é que se torna possível a detecção de tais perigos.

Comungamos com as idéias de Castro (2003), que aponta o cuidado que devemos ter ao eleger os casos passíveis de solução por eles próprios, como o que ocorre no trabalho de mediação. Segundo a estudiosa, embora o acordo e as tentativas de entendimento sejam extremamente bem-vindas, há que se ter claro que elas só virão ao encontro das reais necessidades da criança quando advindas de pais responsáveis e estruturados. Em suas palavras, quer dizer que:

> *nem todo e qualquer acordo entre os pais é o melhor e mais adequado para os filhos, sendo que não devemos nos contagiar pelo pensamento simplista de que todo acordo é bom e toda a disputa é potencialmente má... depende das pessoas e das questões envolvidas* (Castro, 2003, p. 215).

Há situações em que o psicólogo não deve se furtar de atuar diretamente na crise que chega via judiciário, realizando intervenções pontuais e seguras, desde que tenha claro, não apenas o que pensa daqueles problemas, seus valores e compromissos éticos/científicos, mas quais são os parâmetros concretos para que realmente a família possa ser beneficiada e dar continuidade ao seu curso de evolução. Acreditamos que essa ajuda é possível e benéfica.

O trabalho desenvolvido pelos psicólogos deve visar a, assim como afirma Brito (1999, p. 183), oferecer subsídios para as intervenções da Justiça, buscando contribuir para o decréscimo das conseqüências, por vezes desastrosas, de um divórcio. A compreensão do grupo familiar é de suma importância, além do entendimento de como cada membro vivencia a situação, já que quando as famílias fogem de padrões estereotipados elas podem necessitar de ajudas específicas.

Em outras palavras, podemos afirmar ainda que a legalização da subjetividade dos dramas do direito de família deve ter seu lugar assinalado, por meio do trabalho técnico, sem a demarcação de déficits de conduta, parâmetros valorativos, ou qualquer tópico que aponte para a discriminação ou juízos morais herméticos. No entanto, isso não significa descompromisso diante do sofrimento, dos perigos concretos e do estancamento no desenvolvimento.

É de fundamental importância a necessidade do profissional discriminar-se em face do trabalho clínico realizado em outras esferas. Nos tribunais, o trabalho do psicólogo tem sentido se for útil na "tomada de decisões", se souber avaliar as questões legais imbricadas no drama familiar, se tiver clareza acerca dos parâmetros de bem-estar e do que realmente pode ser mais saudável – intelectual e afetivamente – para determinada criança e para determinada família. Não achamos que o trabalho deve estar a serviço das instituições de poder, que em última instância aprisionam a autonomia dos indivíduos, mas, ao contrário, é a forma de salvaguardar a dignidade da pessoa humana, fazendo valer seus direitos e condições de cursar de maneira condigna as etapas naturais de sua existência.

Considerações finais

As leis devem ser entendidas e interpretadas como aliadas das famílias, fomentando sua integridade, sua autonomia e sua dignidade; são feitas atendendo às necessidades e aos reclamos da sociedade, que em um movimento constante vai delineando quais normas legais são desejáveis, tendo em vista o contexto social, político e cultural.

Elas possibilitam o atendimento da subjetividade desde que existam profissionais interpretando as necessidades das famílias, trazendo os diplomas legais como aliados para a completude desse eterno movimento e, principalmente, atuando como facilitadores de um processo constante, cujo proprietário não é a lei ou seu aplicador, mas os próprios integrantes das famílias.

Entendemos que se a psicologia jurídica fizesse parte da formação do psicólogo, muitas dificuldades de diálogo entre a academia e a prática seriam diminuídas, auxiliando o contexto profissional que pode calcar-se em balizadores legais, não só para o entendimento e a interpretação dos problemas, mas para efetivamente auxiliar no amadurecimento e proteção das famílias.

Bibliografia

ASSIS E SILVA, M. T. "O uso dos testes psicológicos no trabalho de perícia das Varas da Família e das Sucessões do Fórum João Mendes Jr. São Paulo-Brasil. *Boletim da Sociedade de Rorschach de São Paulo*, 10 (1): pp. 23-33, 2000.

BADINTER, E. *XY: sobre a identidade masculina*. Rio de Janeiro, Nova Fronteira, 1993.

BARROS, F. O. "Psicologia jurídica na reforma do direito de família: legalidade da subjetividade?" In: *Anais do I Congresso Brasileiro de Direito de Família: Repensando o Direito de Família*. Belo Horizonte, Del Rey, 1999.

BERTHOUD, C. M. E. *Re-significando a parentalidade: os desafios de ser pais na atualidade*. Taubaté Cabral, 2003.

BOBBIO, N. *A era dos direitos*. Rio de Janeiro, Campus, 1992.

BRITO, L. M. T. "De competências e convivências: caminhos de psicologia jurídica junto ao direito de família". In: *Temas de psicologia jurídica*. Rio de Janeiro, Relume-Dumará, 1999.

BRUSCHINI, M. C. A. "Resenha: a teoria crítica da família". *Cadernos de pesquisa*, 37: 98-103, São Paulo, 1981.

Capítulo 6. Família e lei

CARDENAS, E. J. *La familia y el sistema judicial: uma experiência inovadora.* Buenos Aires, Emecé, 1998.

CARVALHO, M. C. B. "O lugar da família no política social". In: *A família contemporânea em debate.* São Paulo, Cortez, 2000, 3ª ed.

CASTRO, L. R. F. *Disputa de guarda e visitas: no interesse dos pais ou dos filhos?* São Paulo, Casa do Psicólogo, 2003.

CERVENY, C. M. O. *A família como modelo: desconstruindo a patologia.* Campinas, Editoral Psy, 1994.

CEZAR-FERREIRA, V. A. M. *A construção da interdisciplinaridade psicojurídica no contexto das separações conjugais.* Dissertação de Mestrado, Pontifícia Universidade Católica de São Paulo, São Paulo, 2000.

CUSHNIR, L. *Masculino, como ele se vê; feminina, como o homem vê a mulher.* São Paulo, Saraiva, 1994.

DEL PRIORE, M. L. "Brasil Colonial: um caso de famílias no feminino plural". *Cadernos de Pesquisa*, 91: 69-75, São Paulo, 1994.

FACHIN, L. E. "O mundo tem fome de quê?" *Boletim do IBDFAM nº 19*, ano 3, março/abril, 2003.

FONSECA, C. "Aliados e rivais: o conflito entre consangüíneos e afins em uma vila porto-alegrense". *Revista brasileira de ciencias sociais – ANPOCS*, (4): 88-104, 1987.

GIDDENS, A. *Mundo em descontrole: o que a globalização está fazendo de nós.* Rio de Janeiro, Record, 2000.

——————. *A transformação da intimidade: sexualidade, amor e erotismo nas sociedades modernas.* São Paulo, Unesp, 1993.

INSTITUTO BRASILEIRO DE GEOGRAFIA E ESTATÍSTICA-IBGE (2004). Disponível no site: http://www.ibge.gov.br. Acessado em: 01/03/04.

JABLONSKI, B. "Identidade masculina e o exercício da paternidade: de onde viemos e para onde vamos". In: FERES-CARNEIRO, T. (Org.). *Casal e família: entre a tradição e a transformação.* Rio de Janeiro, Nau, 1999.

JAPIASSÚ, H. *As paixões da ciência.* São Paulo, Letras & Letras, 1991.

MARTINS, S. R. C. *Perícias psicológicas judiciais e a família: proposta de uma avaliação sistêmica.* Dissertação de Mestrado, Pontifícia Universidade Católica de São Paulo, São Paulo, 1999.

Evani Zambon Marques da Silva

MINUCHIN, S. *Calidoscopio familiar*. Buenos Aires, Paidós, 1983.

MIRANDA JR., H. C. "O acompanhamento de visitas nos processos judiciais em varas de família. *Anais do III Congresso Ibero-americano de Psicologia Jurídica*. São Paulo, Universidade Presbiteriana Mackenzie, 2000.

MUSKAT, M. "Uma nova versão do homem com H". *Revista IDE da Sociedade Brasileira de Psicanálise de São Paulo, (34)*. Nov., 2003.

NOLASCO, S. *O mito da masculinidade*. Rio de Janeiro, Rocco, 1993.

ORTIZ, M. C. "A Perícia Psicológica". *Psicologia, ciência e profissão, (1)*. Brasília, Conselho Federal de Psicologia, ano 6, 1986.

PIMENTEL, S. "Perspectivas jurídicas da família: o Novo Código Civil e a violência familiar". *Serviço social & sociedade, 71*. São Paulo, Cortez, 2002.

ROCHA-COUTINHO, M. L. *Tecendo por trás dos panos: a mulher brasileira nas relações familiares*. Rio de Janeiro, Rocco, 1994.

ROUDINESCO, E. *A família em desordem*. Rio de Janeiro, Jorge Zahar, 2003.

ROVINSK, S. "Perícia psicológica na área forense". In: CUNHA, J. A. (Org.). *Psicodiagnóstico – V*. Porto Alegre, Artes Médicas, 2000, 5ª ed. rev. e ampl.

SAMARA, E. de M. *As mulheres, o poder e a família*. São Paulo, Marco Zero, 1989.

SARTI, C. A. *"Família e individualidade: um problema moderno"*. In: CARVALHO, M. C. B. (Org.). A Família contemporânea em debate. São Paulo, Cortez, 2000, 3ª ed.

——————. *A família como espelho: um estudo sobre a moral dos pobres*. São Paulo, Cortez, 2003, 2ª ed. rev.

SHINE, S. *A espada de Salomão: a psicologia e a disputa de guarda de filhos*. São Paulo, Casa do Psicólogo, 2003.

SILVA, E. Z. M. *A Paternidade ativa na separação conjugal*. São Paulo, Juarez de Oliveira, 1999.

——————. "Reflexões sobre a avaliação psicológica no âmbito do judiciário". In: *A diversidade da avaliação psicológica: considerações teóricas e práticas*. João Pessoa, Idéia, 2001.

——————. "Psicologia jurídica: um caminho em evolução". *Revista da Academia Paulista dos Magistrados (2)*, ano II, 2002.

120 Capítulo 6. Família e lei

SOUZA, R. M. *Paternidade em Transformação: o pai singular e sua família*. Tese de Doutorado, Pontifícia Universidade Católica de São Paulo, São Paulo, 1994.

SUANNES, C. A. M. "Psicanálise e instituição judiciária: atuação em Vara de Família". *Pulsional revista de psicanálise (128/129)*. São Paulo, 2000.

VAITSMAN, J. *Flexíveis e plurais*. Rio de Janeiro, Rocco, 1994.

VITALE, M. A. F. "Famílias monoparentais: indagações". *Revista Serviço Social e Sociedade: (71)*, ano XXIII. São Paulo, Cortez, 2002.

Capítulo 7

Família e bioética

J. G. Furlan Gomes[1]

_Caos é o nome dado a toda ordem
que produz confusão em nossas mentes._

George Santayana, filósofo.

A complexidade das decisões e os dilemas das famílias de doentes renais crônicos

A desestabilização do sistema familiar geralmente é muito acentuada quando surgem doenças incuráveis em um de seus membros, gerando principalmente um alto grau de estresse. A possibilidade de perda, pela morte, torna-se um dos fatores que podem levar o sistema familiar ao caos e imprime uma necessidade crucial de alterar o padrão relacional e comportamental na busca de curar aquele membro enfermo, para que permaneça por mais tempo na-

---

1. Psicólogo com especialização em Terapia de Casal e Família pela PUC-SP; mestrando em Psicologia Clínica, Núcleo de Família e Comunidade, na PUC-SP; atua em atendimentos clínicos em Orlândia e Ribeirão Preto, no Estado de São Paulo. E-mail: furlangomes@com4.com.br

122 Capítulo 7. Família e bioética

quela família. Muitas doenças crônicas envolvem os cuidados tecnicistas da medicina, numa sociedade em que a luta pela longevidade tem sido propulsora dos caminhos da pesquisa e da aplicação dos procedimentos biocientíficos. Embora os avanços dos estudos a respeito dos aspectos emocionais das doenças caminhem de forma mais lenta que a parafernália tecnológica, torna-se cada vez mais indispensável preocupar-se cientificamente com o sistema familiar e os pacientes portadores de doenças crônicas, ou seja, atentar para o comportamento familiar frente às doenças graves que acometem algum de seus membros. Algumas vezes, existe a delicadeza de situações que envolvem toda a complexidade relacional da família. É o caso das doenças renais crônicas, que podem implicar na necessidade de transplantes, principalmente inter vivos, envolvendo diretamente todos os demais membros da família nuclear e/ou extensa.

Quando se fala em doação de órgãos sempre há perplexidade e automaticamente surge na mente das pessoas uma predisposição negativa. Acredito que o tema torna-se ameaçador e polêmico ao mesmo tempo, pois envolve riscos da dualidade inevitável vida/ morte; além de ser assunto de ranhuras éticas envolvendo geralmente comercialização, atitudes inescrupulosas e incertezas de cura. De modo geral, pode-se dizer que existe uma conotação negativa a respeito de transplantes. Diferentemente da área médica, a psicoterapia de casal e de família é campo recente de pesquisa e ainda falta aprofundamento na matéria. Porém, os últimos levantamentos quantitativos oficiais em nosso país calculam que existem milhares de famílias que estão nessa condição. O número de pacientes com doença crônica renal, à espera de doador, era de 28.127 em janeiro de 2003 (Lobato, 2003). Possivelmente receberemos, como terapeutas, famílias que sofrem ou que passaram por essa situação. Embora eu não atue diretamente em Centros de Terapia Renal, interessei-me em estudar, numa perspectiva sistêmica, as famílias que vivem esse dilema. Evidentemente o interesse não é de esmiuçar a problemática das doenças renais, mas estudar as complexas interações e relações entre os familiares quando ocorre a doença renal grave no paciente adulto. Outro fato são os caminhos para as quais a ciência está se direcionando, necessitando a cada dia de equipes multidisciplinares para proporcionar uma melhor qualidade de vida aos nossos semelhantes.

Em primeiro lugar, é de total responsabilidade do paciente acometido pela insuficiência renal crônica decidir entre viver com um rim artificial (processo de hemodiálise), na expectativa de ser transplantado com órgão de doador cadáver, ou solicitar aos familiares os exames de compatibilidade para verificar a possibilidade de realizar um transplante inter vivos. Geralmente os pais são os primeiros a se disporem, porém meu alvo não é seguir os caminhos óbvios, e sim aprofundar-me numa questão complexa e de múltiplas opiniões, como no caso de doação entre irmãos, explorando o relacionamento fraterno – ou seja, trabalhar nesse emaranhado de afetos e decisões sérias que envolvem a vida entre irmãos, com nuances de medos, receios e dilemas de consciência frente a uma situação de alto estresse. Tal situação pode, por muitas vezes, ocasionar o caos, levando o sistema familiar a uma mudança qualitativa, ou, pela omissão, à perda dos laços de lealdade e coesão, com as naturais resistências às mudanças. Outro fato é proporcionar em cada irmão uma retrospectiva de relações históricas entre seus pares através dos anos, suscitando um balanço que poderá influenciar suas tomadas de decisões. Não deixa de ser uma oportunidade rara para reflexões sobre o padrão relacional entre irmãos, e principalmente para uma constatação da conduta dos pais com relação a sua prole. Tomamos conhecimento de casos, em que o poder econômico da família entra fortemente, com a influência dos pais que "premiam" financeiramente o filho doador. Ou aqueles em que, espontaneamente, os irmãos se prontificam, de modo descompromissado, a se submeterem aos exames de compatibilidade, enxergando a vida mediante o amor àquele membro. A partir dessa complexa rede de decisões, ponderei a necessidade de introduzir nos estudos sistêmicos sobre famílias uma reflexão sobre o que denomino de bioética familiar.

As questões da ética

Antes de iniciar a construção da reflexão sobre a bioética familiar em si, julgo ser importante falar sobre Ética. Dentro de um conjunto de conceituações recorro àquela que a define como sendo o "estudo dos juízos de apreciação que se referem à conduta humana suscetível de qualificação do ponto de vista do bem e do mal, seja relativamente à determinada sociedade, seja de modo absoluto" (Ferreira, 1975, p. 591). A Ética pode ser também compreendida como "um conjunto de atitudes e ações humanas, apreciadas sob o ponto de vista do bem e do mal" (Antuniassi, 1994, p. 44). Ambos os conceitos estão fundamentados no bem e no mal. Acredito que tal fundamentação é superficial quando observamos o ser humano num contexto muito mais amplo, pois certamente muitos de nós tomamos atitudes que se sobrepõem ao bem e ao mal. O importante não é ser bom ou mau, mas ser justo. Quando me refiro à justiça, recorro a Maturana que dize que ela "não é um valor transcendente ou um sentimento de legitimidade: é um domínio de ações no qual não se usa a mentira para justificar as próprias ações ou as do outro" (Maturana & Magro, 2002, p. 33). O critério interno de justiça pode sobrepor em muito a dialética do bem ou mal. É não usar os atributos da falsidade e da enganação ou de justificativas fraudulentas. Devemos cultivar, em nossas estruturas internas, a construção de diálogos no sentido de favorecer as atitudes e as condutas que sensibilizem as ações adequadas, tanto com as pessoas de nossa convivência, como, naturalmente, com toda a sociedade. Os critérios baseados no bem e no mal não atendem mais as demandas sociais como critérios de justiça de mudanças qualitativas dos sistemas. Infelizmente vivemos em um mundo competitivo, cuja lei é a do mais forte. Possivelmente os problemas sociais que encontramos se sobrepõem ao bem ou ao mal, haja vista a recente invasão dos Estados Unidos no Iraque – o discurso americano de ser o protetor do bem já não convence grande parte do mundo e as pessoas questionam tal conduta num prisma mais profundo. Portanto, creio que Ética é a aplicação da consciência do outro em mim e a aplicação de minha consciência no outro. Ou seja, é um processo recíproco, contínuo e flexível de construção, por meio da linguagem e de outras formas de comunicação com os outros e do estabelecimento de contínuas reciclagens internas. Portanto, não deve ser um processo estático, mas flexível que visa a buscar a paz de consciência e a realizar conversações que favoreçam a harmonia e a justiça nas relações. Não existe Ética sem diálogos, ou seja, a Ética é a construção da harmonia e do respeito mútuo sem visar interesses que fogem ao equilíbrio, é estar verdadeiramente em paz consigo próprio e com os outros. Podemos ser justos em detrimento de algumas insatisfações do outro, porém devemos semear critérios que despertem os sensos de justiça nos demais.

A Ética depende dos valores que estão alicerçados, determinados inicialmente pela convivência familiar. Acredito que a marcante institucionalização que sofremos hoje, com a influência da massificação da comunicação global, tem fragmentado os processos de consciência instados pelas famílias e, conseqüentemente, enfraquecido as condutas éticas de amor aos outros e à vida. Para Maturana (2002), a Ética pertence ao domínio do amor, pois tem a ver com as nossas atitudes com relação aos outros. A fundamentação ética torna-se mais racional e deve se configurar em um pensar social capaz de englobar todos os seres humanos, ou seja, "amar o próximo como a si mesmo" (p. 72), fugindo, portanto, dos legalismos, mas exigindo uma profunda reflexão sobre o amar equilibradamente a nós mesmos, para então dedicar coerentemente o amor para nossos semelhantes.

A bioética

O neologismo bioética surgiu em 1962, quando Van Ressenlear Potter proferiu uma palestra para os alunos da Universidade de Dakota do Sul. Em seu discurso, utilizou a metáfora: "ponte para o futuro, um conceito de progresso humano" (Potter

126 Capítulo 7. Família e bioética

2001, p. 339). Essa definição implica na união de conhecimento e reflexão, e a torna uma ponte entre os diversos campos da ciência, principalmente pela visão sistêmica implicada em sua concepção. Potter considerou a bioética como "uma abordagem cibernética em relação à contínua busca de sabedoria pela humanidade" (p. 347). Definiu-a como sendo a "ciência da sobrevivência humana [...] e uma disciplina que combinaria conhecimento e reflexão" (pp. 341 e 347).

Em seu processo de desenvolvimento, Potter apresentou três estágios para a bioética. O primeiro é a bioética como ponte, havendo uma ligação estreita entre a ciência e a humanidade, mais claramente uma ponte entre a ciências biológicas e a Ética. Daí surgiu o neologismo bioética, em um período no qual ela seria somente uma ramificação da medicina. O segundo estágio é chamado de bioética global e se refere à ética para a sobrevivência sustentável, englobando a condição sistêmica da vida da espécie humana, levando em consideração uma ética da natureza. Para Potter, ela seria entendida como "uma moralidade que resultaria da construção de uma ponte entre a ética médica e ética ambiental" (p. 344). O terceiro estágio fala sobre a bioética profunda, que recebeu apoio de Steven Brit ao publicar o livro Numa idade de experts: a mudança de papéis dos profissionais em política e vida pública. A obra conclui que as mudanças profundas somente acontecem quando as atitudes profissionais são mudadas por aqueles que exercem papéis educacionais e éticos.

As ciências psicológicas se enquadram perfeitamente nesse quadro, pois ao estudar o sujeito ou as comunidades – dentre elas a família –, deve exercer um papel que extrapola os conhecimentos técnicos e auxilia na construção de reflexões profundas sobre a vida.

E quais seriam essas reflexões para as famílias que estão com pacientes renais crônicos? Acredito que um grande avanço será a ponte entre a ética médica e a ética psicológica na construção de um apoio a essas famílias, reconstruindo novos paradigmas mediante as conversações familiares.

Provavelmente, um dos grandes problemas seja a visão reducionista ainda existente nos tratamentos dos doentes renais crônicos. A enfermidade estabelece um novo sistema que engloba a família, o paciente, a equipe médica, os demais doentes renais crônicos na hemodiálise e os profissionais de enfermagem, serviço social e psicologia. Porém, geralmente o paciente ainda é visto isoladamente e os tratamentos costumam ser realizados de forma segmentada. A bioética profunda nos leva a refletir sobre a necessidade de fomentar a multidisciplinaridade nesses casos, como uma política coerente de vida. Como os caminhos para se chegar a multidisciplinaridade ainda são lentos, uma ação conjunta e coerente no atendimento às famílias, envolvendo também as equipes médicas e profissionais de atendimento de famílias, iniciaria a construção de uma ponte que resultaria numa conversação mais aberta e justa, baseada na reconstrução de novos valores de vida.

A bioantropoética

Foi o pensador francês Edgard Morin (2002a) que ampliou e ao mesmo tempo focalizou o conceito da bioética quando aplicada diretamente ao homem. Ampliou-o pelo acréscimo do termo antropo, pois envolve também os aspectos antropossociais, e ao mesmo tempo, focalizou-o nos dilemas sociais essenciais, como no caso da problemática das comunidades familiares que têm doença renal crônica. Morin acredita que um dos problemas principais da não aplicação da bioantropoética tem sido o desenvolvimento científico acadêmico que aparece segmentando, apartando as áreas biológicas das antropossociais, isto é, houve uma disjunção entre as duas ciências, além do reducionismo do pensamento complexo. Isso retirou das ciências biológicas a idéia de vida, pois a preocupação se instalou mais na doença, haja vista o número de especia-

128   Capítulo 7. Família e bioética

lidades e subespecialidades existentes. A teoria antropossociológica elimina a idéia global de homem, vendo-o somente em algumas de suas partes. Torna-se básica a necessidade de mudar tais paradigmas, pois ambas as ciências devem se inter-relacionar, concebendo o homem numa dimensão complexa. Precisam abandonar a visão disjuntiva e reconhecer o homem em sua totalidade, não somente como se sua vida dependesse de seu corpo e genes, e tampouco como um ser sobrenatural, donde lhe escapam o espírito e a sociedade. É sair da dicotomia do homem como sendo corpo e mente (alma), atribuindo-lhe valores mais completos que ultrapassem o campo da alma e instalem numa consciência mais refinada (espírito), ativando a capacidade de construção do pensamento espontâneo com larga abertura a sensibilidade e a criatividade. É conscientizar que é possível o homem se comunicar livre e dialogicamente com Deus (Buber, 1974).

Considero que, a partir da visão do homem como um ser tripartido (corpo-alma-espírito), torna-se mais prático exercitar a sensibilidade com relação ao outro. Isto é, estabelecer uma constante cidadania, sendo agente transformador da sociedade, trabalhando com a política de valorização da vida. A compreensão do homem se torna muito mais plena e real quando o observamos não como um ser meramente biocultural (Morin, 2002a), mas um ser biopsicoespiritocultural. Acredito que somente com esta visão é que consideraremos possível o homem sair dos processos de bem ou mal e se aprofundar numa consciência ética, que é a verdadeira vocação de construir, por meio da linguagem, novos valores e de se colocar no lugar do próximo. Concordo com Morin (2002a) que devemos ter uma consciência com uma finalidade básica que é a responsabilidade pela vida, com a aplicabilidade do conceito da bioética no contexto dos trabalhos do terapeuta sistêmico, saindo de ações familiares, mas estendendo suas ações para trabalhos comunitários, contextos organizacionais, e ações em campos de saúde como as famílias com doenças crônicas e outros contextos familiares e hospitalares.

Bioética familiar

Como estudioso dos sistemas familiares verifiquei que não existe estudo aprofundado sobre as doenças crônicas, com possibilidade de doação. Conseqüentemente, não há uma fundamentação teórica sobre os princípios éticos nesses casos, ou melhor, como se configuram tais princípios, em que geralmente estão embutidos nas crenças e valores familiares (Cerveny, 1994). Porém, as circunstâncias mudam quando se tratam de questões de riscos de morte. A problemática suscita imediatamente um conjunto de atitudes, em que geralmente os irmãos se calam, evitando falar sobre o fato, ou procuram usar o médico para auxiliá-los a se esquivarem da possibilidade de realizar os exames de compatibilidade.

Ao estudar a bioética chamou-me a atenção os princípios da bioética profunda, em que as atitudes profissionais são fundamentais para o desenvolvimento e a qualidade das vidas humanas. Portanto, como profissional do comportamento familiar, considerei que a bioética familiar se refere à construção dos significados sobre os valores que levam as famílias em condição de doença crônica a pautarem suas atitudes de forma verdadeira. Estendo o conceito não só aos profissionais, mas à iniciação de estudos sobre a bioética familiar, isto é, as atitudes éticas da família frente aos riscos de vida por problemas de saúde e, principalmente, as decisões enfrentadas pelo sistema familiar nesses casos. Como acontece a comunicação entre os membros para tratar o assunto? No que se pautam para tomarem suas decisões? Como se organizam para "linguajar" sobre a questão e quais são as fontes motivacionais que os impulsionam a decidir realizar ou não os exames de compatibilidade para futura doação? Ou mesmo a refletir que enquanto vivos não querem, mas se houver morte cerebral gostariam de doar. Qual é a valorização da vida e os valores de vida da família?

Estimular as conversações sobre essa temática, tornando-a mais comum, certamente levará o ser humano a dar mais ênfase na qualidade existencial.

A família como o corpo em linguagem

Uma das considerações a serem definidas dentro da bioética familiar é enxergar a família como um corpo. Os primeiros conceitos sobre o entendimento da concepção sistêmica vieram a partir dos estudos sobre o corpo humano. As definições anatômicas definem o corpo como um conjunto de sistemas interligados. Alguns conceitos bíblicos usaram a metáfora do corpo em linguagem para esclarecer o modo de viver dos cristãos, como uma família. Como nesse caso:

> *Porque o corpo não é um só membro, mas muitos. Se o pé disser: "porque não sou mão, não sou do corpo", nem por isso deixa de ser do corpo. Se o ouvido disser: "porque não sou olho, não sou do corpo", nem por isso deixa de o ser. Se todo corpo fosse olho, onde estaria o ouvido? Se fosse todo ouvido, onde o olfato? [...] Não podem os olhos dizer a mão: "não precisamos de ti"; nem ainda a cabeça aos pés: "não preciso de vós" [...] De maneira que, se um membro sofre, todos sofrem com ele; e, se um deles é honrado, com ele todos se regozijam* (I Coríntos, 12:14-26).

Portanto, somente com a visão de corpo é que se pode ver as famílias nos processos da doença crônica. Não se trata somente do paciente, mas do que está havendo com aquele corpo familiar. Os resultados de estudos mostraram que a "doença crônica não se limita ao paciente e aos seus órgãos afetados, mas atinge toda a família. Altera a vida social, as atividades, os sentimentos e as relações pessoais e profissionais tanto do doente quanto de seus familiares" (Canhestro, 1996, p. 3). E qual grau de comunicação está sendo impresso naquele momento?

A comunicação implica no uso da linguagem, pois dela depende as interações entre os membros da família, que também dependem da linguagem, estabelecendo assim uma recursividade. Infelizmente, o pensamento dicotômico de procurar estabelecer um antagonismo entre os processos racionais e as emoções dificulta os processos comunicacionais, pois não há maior prejuízo para o raciocínio do que negar as emoções. O fato é que se conseguimos conversar, nossos sentimentos ou reações emocionais se alteram. Para Maturana (Maturana & Magro 2002, p. 167) o termo conversar é oriundo da junção de duas raízes latinas *cum*, que significa com, e *versare*, que quer dizer "dar voltas com o outro". Assim, conversar é "dar voltas juntos", ou seja, surge a linguagem no fluir pelo "espaço de coordenações consensuais de conduta" (p. 168). O mesmo autor se refere ao neologismo linguajar, que difere de falar, pois é o ato de estar na linguagem, em que o seu conteúdo faz fluir mudanças corporais, emoções e formas posturais. Então, a aplicação ética nos processos de vida familiar depende das conversações estabelecidas. Quanto mais se conversa sobre as diversas questões, mais se abrem espaços interacionais que possibilitam os graus de concordância e os consensos familiares, fortalecendo os laços de união entre seus membros.

Outro aspecto a ser visto é que em cada sistema familiar os membros desempenham papéis que dão sustentação ao funcionamento daquele sistema. E qual era, e é, o papel do membro enfermo naquela estrutura familiar? Tal papel mudou com a doença? Alguém assumiu esse papel?

O termo papel vem da conceituação psicodramática de Moreno, em que é definido como "uma unidade de experiência sintética em que se fundiram elementos privados, sociais e culturais" (1978, p. 238). Ou seja, é o processo de adequação das diferentes configurações existenciais e relacionais que o ser humano enfrenta em seu cotidiano. Certamente quando algum membro adoece, aquele corpo familiar tem uma mudança, gerada pela necessidade do desempenho ou carência daquele papel. Ou será que, naquela família, aquele papel levou um de seus membros a ter uma paralisação dos rins? O que quer dizer a doença renal para aquele corpo familiar?

Na visão da família vista como um corpo em linguagem,em que todos os membros se interligam na linguagem, no conversar, acredito que as doenças, entre outras coisas, são manifestações de problemas na comunicação de seus membros, talvez falte o linguajar

132 Capítulo 7. Família e bioética

ou haja somente falatórios exagerados. A partir dessa idéia, poder-se-ia dizer que há problemas mal resolvidos que desencadearam uma doença no corpo familiar. Certamente agora existe a necessidade de comunicação, de conversação, entre os membros – que seria um dos meios indispensáveis na busca da cura. Talvez devido à doença, haja a necessidade de as pessoas da família darem voltas juntas, linguajando as formas que poderão auxiliar o enfermo. No caso das doenças renais crônicas, vêem-se exames de compatibilidade com o objetivo de transplante do órgão entre os irmãos, ou outros cuidados que podem ser materiais, ou mesmo a demonstração afetiva do amor fraternal, linguajando a paz entre eles. Nesses casos, recorro à perfeita definição que Maturana dá à palavra conversar: "o fluir entrelaçado de linguajar e emocionar eu chamo conversar, e chamo conversação o fluir, no conversar, em uma rede particular de linguajar e emocionar" (Maturana & Magro, 2002, p. 172).

A bioética familiar nada mais é do que permitir construções internas de pensamentos e decisões por meio das conversações, no puro sentido definido por Maturana.

Os processos terapêuticos com as famílias se tornam mais éticos quando a postura do profissional se enquadra na bioética profunda, ao estabelecer conjuntamente as conversações. Para isso, é preciso caminhar junto, numa postura humilde de profundo aprendizado mútuo.

Ao se tratar de famílias com pacientes renais crônicos, os valores da vida serão reconstruídos nesses maravilhosos espaços conversacionais. Espera-se também, que em sua história, a família possa ser uma unidade realmente interligada, um refúgio de proteção, uma rede de solidariedade.

Os estudos freudianos deram muita ênfase à rivalidade na complexa relação paternidade/fraternidade. Enquanto o pai representa o poder, os irmãos o rivalizam. A figura matricial (ou matriarcal) representa o amor, pois "sem mãe não podemos amar, sem mãe não podemos morrer" (Herman Hesse, apud Morin, 2002a, p. 486). As estruturas familiares contemporâneas estão cotidianamente se reconfigurando nesse sentido, pois atualmente alguns pais se dedicam mais às tarefas de sobrevivência e as mães necessitam se voltar para os papéis profissionais, muitas vezes atribuindo às babás e às instituições os cuidados com a prole. O mercado de trabalho cada vez mais competitivo tem levado os homens a se dedicarem às tarefas caseiras, havendo uma mudança radical de papéis e atribuições na família. As dificuldades financeiras têm motivado algumas famílias ao "retorno aos ninhos" de um dos pais, ocorrendo também, com freqüência, conflitos de gerações nos processos de educação dos filhos. Tais fatos geram condições e conflitos que impedem uma adequação de valores ou oportunidade de mais conversações entre os membros das famílias.

Morin (2002a, pp. 483-486) fala sobre a fraternidade social para explicar que os sentimentos de ambivalência tonificam as relações fraternais e abrem espaços para a retomada da configuração social que é a neofraternidade, afirmando que "não basta ser irmão para ser irmão", ou seja, a inclusão do estranho na relação fraternal.

Para Maturana, (2002) amar é uma questão de aceitação e inclusão do outro. Isso pode ser observado nas situações de recasamentos, cada vez mais comuns em nossa sociedade. O texto bíblico citado acima, de I Coríntios, fala de uma família caracterizada pela neofraternidade, na qual aqueles vinculados a igrejas, principalmente as evangélicas, ou a instituições maçônicas, se inter-relacionam como irmãos. Surge, então, um novo campo também nas questões dos transplantes inter vivos, não se prendendo somente à consangüinidade, mas à neofraternidade.

Como registro, encontrei (Oliveira, 2002) o caso de um engenheiro que recebeu o enxerto do rim de um marceneiro, graças ao apelo do pai em uma igreja evangélica onde as duas famílias se reuniam. O marceneiro assim resolveu porque sua mãe ficou cega e ele sentiu que não poderia doar suas córneas. Tal fato configura um transplante inter vivos neofraternal. Acredito também que a simplicidade daquele marceneiro deva servir de exemplo para a reflexão de nossos valores existenciais.

134 Capítulo 7. Família e bioética

As questões da vida e morte

Outra consideração importante dentro da bioética familiar é relacionada com o grande paradoxo universal: a vida e a morte. A preocupação em manter a vida em condições saudáveis deve ser o alicerce dos objetivos da bioética familiar, já que a família busca não somente o suprimento de suas necessidades elementares de sobrevivência, mas integrar em seus membros os conceitos de bem-estar relacional e social. Como sendo um corpo em linguagem, as conversações para a transmissão de valores fundamentais para o bem viver deve ser um dos itens direcionadores da linguagem familiar. Como são passados os valores éticos e morais nas famílias? Será que existe tempo para conversar sobre a importância da vida? Sobre o sentido existencial?

Considero que conversar sobre os objetivos de vida e sobre o amor – e manifestá-lo também – torna-se premente para construir a bioética no seio familiar. Estimular a ressignificação de cada experiência, mesmo as piores, deve ser visto como fator de aprendizagem e reflexão, e é fundamental para o desenvolvimento dessa bioética familiar.

O grande problema da sociedade contemporânea é a desatenção a esse tipo de diálogo. Acredito que os mecanismos de busca da sobrevivência básica têm limitado o tempo das famílias, em certa parte, para o linguajar familiar sobre tais questões, aliados aos medos, preconceitos e a evitação de pensar sobre as perdas. Quanto se ganha de tempo para trocar idéias sobre tais questões? Portanto, os conceitos saudáveis de vida e morte começam numa influência psicoeducacional empreendida pelos pais na família. Afinal, "a vida é o conjunto de funções que resiste a morte" (Bichat, apud Morin, 2002a, p. 439). Entre essas funções está não temer a discussão sobre a morte, mas torná-la comum como um processo ligado à vida.

Certamente, os conceitos religiosos têm uma forte influência na constituição dessa bioética familiar. Vivemos, a grande maioria, sob determinação da cultura judaico-cristã. Embora numa miscigenação racial, as influências de outras religiões não-cristãs são aceitas no Brasil e exercem o seu poder de levar também aos questionamentos sobre a vida e a morte.

A respeito das doações de órgãos, num estudo feito por mim (Furlan Gomes, 2001) verifiquei que Espiritismo e Budismo são contrários às doações de órgãos, devido ao conceito de reencarnação. Porém, em ambos existem ressalvas quando se faz a doação em vida. Por causa da proibição de doação de sangue entre as Testemunhas de Jeová, muitos consideram que a interdição deva se estender também aos órgãos, o que não é verdade, pois é entendido que o órgão a ser enxertado será lavado e limpo do sangue. O interessante foi constatar que os casos do transplante inter vivos neofraternal (Oliveira, 2002) e o caso de dois irmãos que se sujeitem aos procedimentos cirúrgicos para salvar um outro irmão (Quintas, 1992) apresentam uma forte religiosidade, são de famílias que dão atenção não somente aos aspectos bioculturais, mas que configuram uma visão biopsicoespiritocultural.

A morte pode ser definida como o final da evolução individual, com grande perda para a família. Para Morin, "perdemos a posse de nós quando perdemos a vida" (1980, p. 463). Acredito que nos casos dos portadores das doenças crônicas os conflitos existenciais sejam muito maiores, pois há a percepção de que a posse de sua vida depende do rim artificial, da espera incerta de um doador cadáver, ou de algum familiar se prontificar. A proximidade da morte incerta passa a ser descaracterizada, tornando-a a cada dia certa.

Certamente falo dentro de um contexto sistêmico familiar, pois serve de reflexão para todos os seus membros. É lidar com a incerteza na certeza de perceber que a máquina viva segrega em si mesma a própria morte. As dores de tais reflexões podem ser amenizadas devido à influência religiosa que considera a morte como um ritual de passagem de uma fase da vida a outra fase, ou seja, existe uma continuidade.

Embora muitos vejam isso de maneira negativa, uma renomada estudiosa do assunto, Elisabeth Kubler-Ross (1989), sugere que, ao

136 Capítulo 7. Família e bioética

acordar pelas manhãs o indivíduo deve pensar que aquele pode ser o seu último dia. E tal fato ajuda-o a se impulsionar para a vida. Outro pesquisador do luto, Walsh (1999), enfatiza que quanto mais achamos que não somos nada, tanto mais nos direcionamos para algo maior. Para Bromberg (em Prado, 2001 p. 12) "a morte é um grande desintegrador cultural" que pode ser atenuado pelos rituais em que as pessoas são ajuntadas e asseguram os afetos, auxiliando na reconstrução do significado da perda. Porém, a nossa sociedade contemporânea não tem atentado para tais rituais, reduzindo essa simbologia, por causa da idéia de que tudo deve ser feito o mais rápido possível. Segundo ela, e outros autores como Rodrigues e Kovács (em Prado, 2001), no mesmo artigo, tal rapidez não tem permitido às pessoas elaborarem melhor seu enlutamento. Talvez essa fuga do processo doloroso da morte tenha como conseqüência a não-reflexão do tema no seio familiar. Como afirma Macedo (1994), a família é o protótipo das relações que a pessoa terá no mundo, sendo o primeiro espaço psicossocial do ser humano – por causa disso, provavelmente, o tema morte não entra na pauta dos assuntos familiares. Mas, pode-se considerar que debater esse tema é elementar para decisões e reflexões sobre a valorização e a importância de buscar o prolongamento de conviverem juntos e amadurecer possíveis decisões futuras que serão de suma importância para sistema familiar. Dentro da bioética familiar, pode-se conotar o tema morte de forma positiva, como já citamos Kubler Ross e Walsh.

As decisões familiares

Quando ocorre a doença renal crônica em um membro da família, inicia-se um processo de busca de continuação da vida; para isso o paciente não deve achar que deixou de viver no limite de si próprio. Embora dependa de decisões médicas e de familiares, seu estado de ânimo deverá ser de lutar pela preciosidade existencial, o que depende, em muito, do impacto que a família teve em relação ao processo de acometimento da doença.

Outro aspecto diz respeito aos recursos médicos atuais, como os processos de artificialização dos rins (hemodiálise) e a fila de espera por um rim de doador cadáver, isto é, com morte encefálica e cuja família autoriza o processo de doação; pode haver ainda manifestações para que a família se mobilize para uma possível doação. Quanto à hemodiálise, um responsável por tal processo em um Hospital de Clínicas, em contato verbal, disse que existem preconceitos sobre a hemodiálise como sendo algo dolorido. Porém afirmou que muitos pacientes vivem e atuam normalmente em suas profissões, seguindo rigorosamente todas as recomendações, apresentando boas condições de sobrevida, protelando ao máximo os transplantes. Segundo Quintas (1992), um jovem que passou pelo processo de hemodiálise descreveu a visão errônea que as pessoas têm sobre o fato, dizendo que um dos únicos problemas são as retiradas de sais minerais e vitaminas, causando fraqueza no final de cada sessão. Um outro caminho é o do paciente recorrer a seus familiares. Em um estudo qualitativo que realizei (Furlan Gomes, 2001), sobre a negativa de exames de compatibilidade pelos irmãos, nas famílias entrevistadas, os pedidos são geralmente feitos pelos cônjuges. Porém, o responsável em decidir qual caminho a tomar é o próprio paciente.

A doação de órgãos inter vivos é um complexo processo, pois envolve três variáveis: o social, o particular e o familiar. Do ponto de vista social, a comunidade em que está inserido o familiar do paciente, direta ou indiretamente, questiona sobre a possibilidade da doação. Exemplificando, houve um caso ocorrido em uma cidade pequena do Estado de São Paulo em que a comunidade parece ter "pressionado" uma irmã para fazer os exames de compatibilidade (Furlan Gomes, 2001). O contrário também ocorre. É o caso citado (Oliveira, 2002) em que uma doadora narra que sofreu pressão das pessoas para não doar o rim para a irmã, pois era casada e tinha dois filhos pra criar.

Do ponto de vista particular, existe uma série de questões. Numa pesquisa feita por Bendassolli (2001), o que mais motiva a não-doação é o medo da morte. Em um estudo retrospectivo realizado por Almeida e outros (1996), com 74 pacientes submetidos a nefrectomia para doação, em um período de 17 anos, os autores constataram que nenhum óbito ocorreu e as complicações ocorridas foram de importância menor e de fácil resolução. Mocelin e Cavalari (1992) relatam pesquisa de opinião feita em Londrina em que somente 36,4% dos entrevistados fariam a doação, apesar de acharem o gesto humanitário.

No âmbito familiar, indiretamente, com o surgimento da doença, existe uma pressão, espontânea ou direcionada, para a doação. Quando se trata da família, vem à tona a complexidade das relações num misto de recuo, aceitação e medo. Não se pode descartar que, dependendo do sistema, existem pressões direcionadas ou até oferta de bens materiais para a concretização do fato. Podemos considerar, então, que tais pressões e ofertas são ações que ferem a bioética familiar. Geralmente, quando a pressão é muito forte, o pretenso doador desiste antes de ir para a mesa de cirurgia. Nesses casos, os médicos dizem que foi por incompatibilidade (Oliveira, 2002). Como fica a questão ética nesses casos? Em contrapartida, quando é feito espontaneamente, torna-se um ato heróico, por meio do qual pode se dar vida a alguém (Oliveira, 2002). Concordo com Maturana (2002) ao afirmar que os processos de autoconsciência estão no espaço relacional em que a linguagem é constituída. Portanto, a bioética familiar estimula a reconstrução de significados por meio das conversações.

Nos casos nos quais se efetivam as doações, como se configuram as relações entre receptor e doador após a cirurgia? E como elas se delineiam pelos anos? Gratidão existencial? Dívida existencial?

E quando não existe a disponibilidade dos irmãos solicitados? Como fica quando não são solicitados e a questão é tratada como um segredo, ou melhor, um assunto não dito, ou uma negatividade? Como se configura a reconstrução de significados em todos esses casos?

Essa questão implica também numa reflexão sobre o grande paradoxo existencial vida/morte. Até que ponto cada irmão começa a se sentir como responsável pela vida do outro? Não devemos deixar de pensar, porém, que quem decide sobre o tipo de vida que quer levar – viver com a hemodiálise esperando um doador-cadáver ou solicitar aos familiares – é o próprio paciente. Cabe a ele intensificar a pressão sobre os irmãos ou esperar pelas manifestações espontâneas de seus familiares. É uma decisão difícil. Mas se for vista do ponto de vista sistêmico, a ação da bioética familiar será de fomentar uma conversa sincera entre os familiares. Dando oportunidade a todos de se manifestarem espontaneamente e de modo a serem devidamente compreendidos. Acredito que tanto o ato de doar como o de não doar devem ser respeitados. Os processos de hemodiálise, embora com seus riscos naturais, não significam eminência de morte, pois muitos pacientes se submetem a eles por anos.

O interessante é que todo o caso de doação implica uma rejeição, quer no aspecto físico do órgão em si, quer nos aspectos psicológicos. Trabalhar com essa área envolve, então, profundas relações afetivas, em que decisões pautadas nessa configuração se prolongam por todo o tempo. Mesmo um transplantado sofre continuamente os riscos da rejeição orgânica. Assim, evidentemente tratam-se de nuances das relações afetivas, principalmente as do núcleo familiar. Continuamente estamos passando por esses sentimentos, aceitando plenamente o outro, com doação, ou às vezes nos comportando de modo a rejeitá-lo, veladamente ou não. As tonalidades de nossas palavras estão nesse diapasão e pelo nosso grau de comunicação, digital ou analógica, percebemos a aceitação ou não do outro. A bioética familiar vem ressignificar tais sentimentos, pois nem sempre a negativa de um irmão significa falta de amor, mas apenas um direito privativo sobre seu corpo. Talvez o mais importante será o compartilhar afeto e torcer para que surja um doador cadáver, ou que o próprio paciente se adapte aos processos da hemodiálise.

Considero, então, que as implicações da doação de órgão levam a uma revisão das relações afetivas familiares, em que cada irmão terá a oportunidade de externar ou doar, ou mesmo de se fechar e não querer a nefrectomia. É uma questão que considero extremamente sistêmica, complexa, à qual chamo de bioética familiar, termo que comecei a usar numa monografia do curso de especialização de família no Núcleo de Comunidade e Família da PUC-SP, oportunidade em que pesquisei alguns casos de negativa de doação de rins entre irmãos (Furlan Gomes, 2001). Considero a bioética familiar essa visão em que os valores de reciprocidade afetiva familiar atingem espontaneamente manifestação de amor ou níveis excelentes de conversação entre todos, por meio da qual o assunto se torna compreensível e claro, mesmo não havendo desejo de exames de compatibilidade.

O profissional, ao trabalhar com a bioética familiar, buscará toda a ressignificação relacional do grupo familiar. O respeito será mútuo tanto nas situações em que desejarem a doação, como naquelas em que não for possível. Tenho como exemplo o caso de uma família (Quintas, 1992) em que um jovem paciente teve a oferta de dois de seus irmãos para doação, sendo que no primeiro caso não deu certo e o segundo se confirmou com pleno êxito. Duarte e Bernardes da Rosa (2000) descrevem o caso de uma mulher de 37 anos que tinha sentimento de tristeza e culpa, com transtornos depressivos, por ter sido suspensa como doadora de um rim para o irmão.

A complexidade do tema extrapola toda a compreensão racional do fato. Ouvi a narrativa de um especialista em Unidade de Terapia Renal do caso de dois irmãos, em que um tinha aproximadamente 27 anos e o outro, 25 anos. O mais novo foi acometido de uma doença renal crônica e precisou de um transplante. O outro prontamente se dispôs, houve boa compatibilidade sanguínea, porém, no último momento ele desistiu.. Dois meses depois esse irmão, pretenso ex-doador, morre em um acidente de carro. A equipe realizou o transplante, porém houve rejeição. Tais casos provocam reflexões em diversos campos, mostrando que mesmo com a morte permanece a força da decisão; ou pode ser o pesar do receptor em ter algo que contrariava os princípios de seu irmão. Os casos das doações de órgãos de pacientes encefalicamente mortos é também um fato que demonstra a sensibilidade e o amor matricial dos pais e de uma família, estabelecendo um gesto de se formar uma neofraternidade interfamiliar, mesmo que ela permaneça no anonimato.

O processo educativo da bioética familiar

Quando me refiro ao processo educativo, não o faço como sendo uma mera interação instrutiva, em que existe a figura do grande sabedor e a do leigo. Uso no contexto esclarecido por Maturana (Maturana & Magro, 2002), em que educar é conviver com o outro, ocorrendo uma transformação espontânea, fruto das conversações mantidas no espaço da convivência.

Dessa forma, o processo educativo é contínuo; respeitar para aceitar e respeitar os demais é fundamento.

Isso se configura num fenômeno social. A contraposição da aceitação é a negação, que impossibilita a reflexão estimulando uma ansiedade do irreal, ou seja, daquilo que não é, e, conseqüentemente, do que não pode ser. Aliados a isso estão: a repreensão dos erros em vez de torná-los fontes positivas para novos aprendizados; o forte estímulo à competitividade que nega o outro, valorizando-o pela conquista e não pela seriedade e responsabilidade com que se impõe a ambição e que, por sua vez, desarmoniza as relações, além de provocar agressões contínuas à natureza e aos semelhantes. Devemos sempre refletir sobre como estão os sentimentos com relação a nós mesmos. Será que continuamente estamos nos valorizando? Amando nosso viver, mediante empreendimentos que nos agradam? Se somos destituídos de mentiras, somos éticos. Se vivemos sem mentiras, valorizando a vida, somos bioéticos. Se somos agentes transformadores, somos então co-construtores do mundo.

Acredito que a partir do desenvolvimento desses conceitos, tal assunto possa ser mais ventilado e estudado em cursos de formação e de pós-graduação para terapeutas familiares. Uma maior proximidade científica entre as áreas biológicas e antropossociais, e uma prática em que haja inter-relação entre os terapeutas dos sistemas de doentes renais crônicos e as equipes médicas especializadas, devem se impor, certamente respeitando o universo de cada sistema familiar.

Deve-se também promover o desenvolvimento da cidadania voltado para a conscientização da doação de órgãos, principalmente pelas organizações não-governamentais e escolas públicas ou privadas, abrindo esclarecimentos e debates com a comunidade. Outro fato é instituir campanhas sérias e duradouras, envolvendo os grupos de medicina privados e de órgãos públicos.

A bioética familiar deve ser antes de tudo a busca da sobrevivência qualitativa do sistema familiar, mesmo em situações de riscos de vida extremados, podendo se estender para outros tipos de riscos, como a violência doméstica e social; a centralidade da bioética familiar está em defender os valores da vida.

Morin (2002a, p. 475) afirma que "defender os valores da vida é defender a complexidade". Acredito que cotidianamente devamos defender os princípios bioéticos e os que se pautam na verdade, mas dentro de perspectivas que envolvam ações sistêmicas e amplas, percebendo o mundo como uma grande teia, evitando assim simplicidade e as disjunções científicas.

A sociedade contemporânea imprime um ritmo de vida em que as famílias foram substituídas pelas escolas no processo educativo dos filhos, porém, as ações conjuntas família-escola estão cada dia mais distantes. E os valores de vida? As escolas se tornaram centros especialistas em conhecimentos. E o ensino do amor? Da aceitação do outro? Quais são os valores que as escolas públicas do Brasil estão passando para essa gama de crianças e jovens? Como está sendo o preparo das futuras gerações? As famílias estão cada vez mais diminutas de membros e o papel educativo dos pais está enfraquecido. Os adolescentes se emancipam precocemente. O Estado multiplica o número de creches, maternais e escolas, mas remunera inadequadamente os professores, e nem todos nessa digna profissão são vocacionados para tal. Certamente o fortalecimento de trabalhos comunitários, com o resgate de valores por meio da família pode se constituir como um dos caminhos mais profícuos para o estabelecimento e difusão da bioética familiar. A ação terapêutica deve transcender os consultórios e as clínicas, sendo a contribuição social dos profissionais atuantes em terapia a marca maior dos processos de valorização da vida e da concretização de valores e políticas existenciais. Afinal, cabe a nós constantemente sairmos da acomodação, que pode levar a um reducionismo profissional e existencial, e sempre almejarmos a complexidade da vida, não deixando de nos amar e naturalmente amar ao outro.

Bibliografia

ANTUNIASSI, A. *Ética: pessoa e sociedade*. Belo Horizonte, Fumarc, 1994.

ALMEIDA, C. M. et al. "Nefrectomia de doador vivo: complicações precoces". *Rev. Amrigs, 40* (1): 52-54, jan.-mar., 1996.

BENDASSOLI, P. F. "Doação de órgãos: meu corpo, minha sociedade". *Psicologia: reflexão e crítica, 1* (11) 71-92, 1998.

—————. "Do lugar do corpo ao não lugar da doação de órgãos". *Psicologia: reflexão e crítica, 1* (13) 143-157, 2000.

—————. "Percepção do corpo, medo da morte, religião e doação de órgãos". *Psicologia: reflexão e crítica, 1* (14) 225-240, 2001.

BROMBERG, M.H.F. *A psicoterapia em situações de perdas e luto*. Campinas, Editorial Psy, 1994.

BUBER, M. *Eu e tu*. São Paulo, Centauro Editora, 1974.

CANHESTRO, M. R. *Doença que está na mente e no coração da gente: um estudo etnográfico do impacto da doença crônica na família*. Tese de Mestrado, Universidade Federal de Minas Gerais, Escola de Enfermagem, Belo Horizonte, 1996.

CERVENY, C. M. O. *A família como modelo: desconstruindo as patologias*. Campinas, Editorial Psy, 1994.

DUARTE, P. S. & BERNARDES DA ROSA, L. T. "Transtorno depressivo maior em doadora de transplante renal: estudo de caso". *Estud. Psicol., 17* (3) 90-99, Campinas, set-dez., 2000.

FERREIRA, A. B. H. *Novo Dicionário da Língua Portuguesa*. Rio de Janeiro, Nova Fronteira, 1975.

144 Capítulo 7. Família e bioética

FURLAN GOMES, J. C. *Quem tem dois, tem um. Quem tem um, não tem nenhum. Um estudo sistêmico sobre a negativa de doação de rins entre irmãos consangüíneos.* Monografia de Especialização em Terapia de Casal e Família, Pontifícia Universidade Católica de São Paulo, São Paulo, 2001.

KUBLER-ROSS, E. *Sobre a morte e o morrer.* São Paulo, Martins Fontes, 1989.

LOBATO, E.; CASTELÓN, I.; BOCK, I.; TARANTINO, M. "De uma vida à outra". *Revista IstoÉ* (1743) 44-49, 26 de fevereiro, 2003.

MACEDO, R. M. "A família do ponto de vista psicológico: lugar seguro para crescer?" *Cad. Pesq.*, (91), 62-68. São Paulo, 1994.

MATURANA, H. *Emoções e linguagem na educação e na política.* Belo Horizonte, Editora UFMG, 3ª ed., 2002 (original publicado em 1998).

——————— & MAGRO, C. (Orgs). *A ontologia da realidade.* Belo Horizonte, Editora UFMG, 3ª ed., 2002 (original publicado em 1997).

MOCELIN, A. J. & CAVALARI, N. "Doação de órgãos para transplante: uma resposta humana à morte". *Rev. Assoc. Méd. Bras., 38* (1) 2-4, jan.-mar., 1992.

MORENO, J. L. *Psicodrama.* São Paulo, Cultrix, 1978.

MORIN, E. *O método 1: a natureza da natureza.* Porto Alegre, Sulina, 2001a (original publicado em 1977).

———————. *O método 2: a vida da vida.* Porto Alegre, Sulina, 2ª ed., 2002a (original publicado em 1980).

———————. *O método 3: o conhecimento do conhecimento.* Porto Alegre, Sulina, 1999 (original publicado em 1986).

———————. *O método 4: as idéias.* Porto Alegre, Sulina, 2001b (original publicado em 1991).

———————. *O método 5: a humanidade da humanidade.* Porto Alegre, Sulina, 2002b (original publicado em 2001).

OLIVEIRA, R. "Anatomia da solidariedade". *Revista da Folha, (524),* 6-11, ano 11, 16 de junho, 2002.

POTTER, V. R. "Bioética global e sobrevivência humana". In: BARCHIFONTAINE, C. P. & PESSINI, L. (Orgs.). *Bioética: alguns desafios (Coleção Bioética em Perspectiva, v. 1.).* São Paulo, Loyola, 2001.

J. G. Furlan Gomes

QUINTAS, G. E. *Eis-me aqui Senhor*. Campinas, Raboni, 1992.

PRADO, A. L. "Sociedade: os rituais de luto permitem a concretização e a elaboração das perdas". *Jornal de Psicologia CRP-SP, (130)*, 10-13, agosto/dezembro, 2001.

WALSH, F. *Spiritual resources in family therapy*. New York, Guilford Press, 1999.

WEIL, P. *Fronteiras da evolução e da morte*. Petrópolis, Vozes, 1979.

Capítulo 8

Família e doença

Carmen Roberta Baldin Balieiro[1]
Ceneide M. de Oliveira Cerveny[2]

Na tentativa de escrever sobre a intersecção entre família e doença foi necessário, devido à amplitude do tema, circunscrever o nosso olhar sobre o mesmo. Assim, escolhemos falar sobre a doença psíquica e sobre como a família, como um sistema de interação, pode lidar com ela e suas conseqüências. Também pretendemos refletir sobre a terapia familiar e suas possibilidades no atendimento de sistemas que incluem membros doentes ou mesmo de sistemas que, como um todo, são sintomáticos.

Vamos inicialmente fazer uma viagem no tempo para entender como foi a construção do conceito de doença, principalmente a psíquica, através da história.

O conceito de doença encontrado entre os povos primitivos era de que:

---

1. Supervisora de estágio do CPA-UNIP, Ribeirão Preto-SP; mestranda do Núcleo de Família e Comunidade (NUFAC) PUC-SP. E-mail: crbalieiro@uol.com.br

2. Profa. Dra. do Núcleo de Família e Comunidade do Programa de Estudos Pós-Graduados em Psicologia Clínica da PUC-SP; terapeuta de família; coordenadora do curso de Terapia Comunitária do Cogeae/PUC-SP. E-mail: ceneide@uol.com.br

148 Capítulo 8. Família e doença

todas as doenças são atribuíveis a forças que atuam fora do corpo humano. Tais forças são consideradas sobrenaturais, são os maus espíritos, as bruxas, os demônios, os deuses ou os magos. Essas explicações demonológicas são particularmente valorizadas para a doença que afeta a conduta (Kolb, 1997, p. 2).

As práticas de tratamento entre estes povos eram religiosas e mágicas, com a utilização de amuletos como forma homeopática, exercendo influência à distância. Usavam também os rituais e esta forma era considerada uma magia imitativa reproduzindo a experiência como forma de ajuda. Estes povos acreditavam na existência de uma força invasora (espiritual) que era entendida como possessão.

Já na era Greco-Romana, Hipócrates (460-375 a.c)

criou uma classificação de distúrbios mentais distribuídos em mania, melancolia e frenite. Suas descrições de doenças indicavam a existência, já naquela época, de um conhecimento da epilepsia, da histeria, da psicose pós-parto e das síndromes cerebrais agudas (estados delirantes), que ocorriam paralelamente a estados infecciosos e após hemorragias (Kolb, 1997, p.2),

rejeitando assim a influência de deuses como possíveis causadores de doença mental. O tratamento nessa época era caracterizado pelo diagnóstico oferecido por Hipócrates, ou seja, existia uma corte ateniense que não tinha qualquer consideração quanto aos direitos do enfermo, que ia a julgamento no tribunal. Se fosse provado que determinado indivíduo possuía algum tipo de doença era nomeado um tutor para o mesmo, como possível forma de tratamento.

Segundo Kolb (1997), Platão propôs a idéia de que uma biografia psicológica do indivíduo poderia ser escrita a partir dos seus primeiro anos, mediante seu relacionamento com os membros de sua família e seus educadores, para explicar seu comportamento como adulto. Concebeu também uma alma constituída em três partes: uma racional, uma libidinosa e outra espiritualizada, esta última contendo vários atributos animais.

Ainda de acordo com Kolb, na Idade Média o olhar para o doente estava intimamente relacionado com os aspectos políticos e religiosos, as crenças, os valores e os dogmas. Nesse período, os doentes não tinham escolha e enfrentavam quase sempre a morte física como única saída.

É possível perceber uma grande diferença entre esses dois períodos, que, apesar de longínquos, tendem a se repetir como modelos de entendimento na relação saúde-doença. Se por um lado a doença poderia ser vista como um problema de relacionamento entre os membros de uma família (Platão), por outro essa relação passa a ser entendida como produto de causas individuais (Idade Média), portanto fora do campo do relacionamento humano. Esses dois modelos podem ser encontrados até nos dias atuais, reformulados, mas trazendo em si as mesmas idéias de participação ou não do ser humano em seu processo de desenvolvimento, para a saúde ou para a doença.

Nesse ponto torna-se necessário um pequeno salto e alguma distinção sobre a doença definida como um processo de ajustamento ou desajustamento somático, para aquilo que é nosso objetivo neste texto, entender a doença situada no campo mental e a desconcertante relação entre saúde mental e doença mental.

Dessa forma, encontraremos no séc. XVIII, com Pinel, um outro olhar para o doente, especialmente o denominado doente mental. Este trecho resume sua concepção teórica:

> *A loucura é entendida como comprometimento ou lesão fundamental do intelecto e da vontade, e se manifesta no comportamento do paciente, nos sintomas, sob as mais variadas formas. Mas formas muito diferentes entre si podem ter em comum o fato de refletirem um determinado tipo de lesão da vontade ou do juízo. As propriedades que são comuns entre elas podem servir de critério de classificação e de diagnóstico* (em Pessoti, 1994, p. 146).

150 Capítulo 8. Família e doença

Esse trecho retrata a constante observação do comportamento de numerosos pacientes e, talvez por tal descrição, Pinel tenha desenvolvido um apego à instituição hospitalar como condição de acerto diagnóstico e tratamento. A escola de Pinel ficou conhecida como tratamento moral.

No período moderno, a visão de doença mental foi marcada pela ascensão dos hospitais psiquiátricos, e os enfermos eram isolados de seus familiares sendo submetidos a tratamentos autoritários, com ênfase na relação de hierarquia entre médico e paciente.

Em 1852, com o surgimento do Hospital Dom Pedro II, fundado pelo próprio imperador, na cidade do Rio de Janeiro, temos o marco inicial da institucionalização da doença mental no Brasil. Dentro dos muros desse hospital, utilizavam-se métodos aplicados pela denominada psiquiatria empírica: camisas de força, jejuns impostos, maus tratos em geral, tudo com o objetivo de "curar" o indivíduo. A instituição abrigava, alimentava, vestia e tratava, sendo o paciente excluído do convívio sociofamiliar.

Após a Proclamação da República, passamos da psiquiatria empírica para a psiquiatria científica. Apesar dos novos métodos (eletrochoques, insulinoterapia e loboterapia), não houve nenhuma mudança efetiva no atendimento ao internado: ele continuava a receber um tratamento que se caracterizava predominantemente pela exclusão.

Sob a influência das correntes européias, como a antipsiquiatria na Inglaterra e a desinstitucionalização na Itália, surgiram no Brasil os primeiros questionamentos quanto à eficácia do tratamento dado aos doentes mentais. Gradualmente foram aparecendo experiências esparsas de comunidades terapêuticas, centros comunitários de saúde e outros.

Nesse processo, mostrou-se necessário pensar na reinserção do internado no contexto social: como promover a volta desse indivíduo para a família, para uma atividade de trabalho, para o convívio social? Esses foram alguns questionamentos que apareceram nessa fase.

A Lei 10.216, conhecida como a Lei da Reforma Psiquiátrica no Brasil, em vigência desde abril de 2001, dispõe sobre a proteção e os direitos das pessoas portadoras de transtornos mentais e redireciona o modelo de atenção na saúde mental no país. Essa lei foi constituída a partir de um novo paradigma que visa a reabilitação e a reintegração psicossocial do indivíduo adoecido mentalmente e teve como inspiração os fundamentos de Franco Basaglia, amparando-se também nos pressupostos da "(des)institucionalização" que, segundo Rotelli e outros (1990), é um processo que tem como palavra-chave o conceito de desconstrução, não só dos manicômios, como também dos saberes e das estratégias, todos referidos ao objeto abstrato, ou seja, à "doença".

Ainda segundo Rotelli, transforma-se o modo como as pessoas são tratadas e o objeto deixa de ser a doença e passa ser a existência, o sofrimento do indivíduo e sua relação com o corpo social. Portanto, a ênfase não está mais no processo de cura e sim no projeto de "invenção de saúde". O olhar passa a ser direcionado à pessoa, na sua cultura e na sua vida cotidiana, mudando o objetivo do trabalho terapêutico que não é mais só a doença.

Esse contexto, que transcende a idéia de simplesmente realizar a (des)hospitalização, na prática, trouxe efetivamente problemas de diversas ordens, ou seja, nesse percurso transitório para uma nova organização assistencial, as primeiras ações concretas se deram pela diminuição das internações em hospitais psiquiátricos e pela busca de criar recursos assistenciais de caráter extra-hospitalar.

Em conseqüência, houve uma intensificação das exigências de comprometimento da família que tem um de seus membros adoecido, o que modifica significativamente sua trajetória de participação neste processo assistencial. Esse processo traz à tona a emergência da solicitação da participação da família até os dias atuais.

A idéia de contextualizar brevemente o caminho histórico serviu para enfatizar o quanto tentamos buscar conceitos novos por meio dos antigos e isso faz parte da história da história... e da nova história.

152 Capítulo 8. Família e doença

O conceito de doença, como podemos perceber, também tem seu aspecto evolutivo, e, dessa maneira, as formas de compreendê-lo também tiveram movimentos, olhares e tratamentos diferentes, mas sempre com o objetivo comum, o de propiciar melhores condições para o doente, de acordo com cada época. Assim, vieram os curandeiros com seus amuletos e rituais, os atenienses com seus tutores, os filósofos com um possível resgate da autobiografia como entendimento, os conceitos religiosos punitivos para tratamento na Idade Média, os médicos psicodinâmicos proporcionando um cuidado para com a mente mediante psicoterapias, e as hospitalizações como um outro recurso e em seguida as (des)hospitalizações. O importante é pensarmos que todas essas tentativas emergiram em um determinado momento e também com recursos que cada época proporcionava.

Interessante observar que todos esses olhares que foram mostrados estão intimamente voltados para as formas e maneiras de se lidar com a doença e com o doente. Hoje, falamos em relações que compartilham um mesmo problema e dividem um mesmo espaço, e assim incluímos o grupo familiar nesse contexto.

Na tentativa de desenvolver um olhar dinâmico e interativo entre doença e família, procuramos estabelecer alguns aspectos da história da família observando quase sempre questões ligadas ao inter-relacionamento – como por exemplo, o processo de inclusão, exclusão e aprendizagem –, para poder traçar alguns aspectos ligados à historicidade do conceito de família.

Imaginamos começar a contar a história da família por sua definição. Houaiss (2001) em suas referências à palavra família a designa "conjunto de criados e escravos que vivem sob o mesmo teto; conjunto de pessoas com o mesmo ancestral; a casa em sua totalidade, compreendendo o paterfamilias, sua mulher, os filhos, os escravos e até os animais e as terras". Refletindo um pouco a respeito dessa definição, podemos pensar que esseś aspectos estão intimamente correlacionados com a própria evolução dos grupos familiares, com suas variáveis ambientais, sociais, econômicas, culturais, políticas e religiosas.

Carmen Roberta Baldin Balieiro e Ceneide M. de Oliveira Cerveny   153

> *Dizer que a família é a unidade básica da interação social talvez seja a forma mais genérica e sintética de enunciá-la; mas, obviamente, não basta para situá-la como agrupamento humano no contexto histórico-evolutivo do processo civilizatório* (Osório et al., 1997, p. 49).

Segundo o mesmo autor, a organização familiar não é exclusiva do homem; vamos encontrá-la em outras espécies animais, quer entre os vertebrados, quer mesmo sob formas rudimentares entre os invertebrados. Nesse sentido, podemos pensar o quanto o conceito de família é antigo e multifacetado, e que também não é um conceito unívoco.

A família na sociedade medieval era definida por:

> *Grandes agrupamentos compostos não apenas por parentes consangüíneos, mas também pelos seus servidores e protegidos. Viviam em grandes casas rurais ou urbanas abertas à visitação pública dos amigos, clientes, clérigos e visitantes. Não havia habitações, separação entre vida profissional, vida privada e vida social.* (Melman, 2001, p. 39).

Podemos perceber que nesse período havia dificuldade de as pessoas viverem isoladamente, no sentido de possuírem uma vida de intimidade e privacidade. A classe dos mais favorecidos vivia com aproximadamente umas trinta pessoas em um mesmo espaço, e a classe menos favorecida vivia em casas menores e menos habitadas.

As relações ligadas a funções de hierarquia não eram bem estabelecidas, mas todos os membros, independentemente de classe social, contribuíam de alguma maneira nas tarefas, desde o indivíduo mais novo ao mais velho.

Na passagem do período medieval para o moderno, o conceito "implicou em uma lenta e insidiosa construção de um novo sentimento de família. Esta transformação foi possível porque a família modificou suas relações e atribuições com a criança" (Melman, 2001, p. 42).

154 Capítulo 8. Família e doença

Essa mudança se verificou com a inclusão da criança no processo de aprendizagem escolar, que acabou sendo um veículo de convivência social no mundo infantil, colaborando assim para o rompimento parcial com o mundo dos adultos. Nesse sentido, a criança adquire um novo espaço no campo das relações.

Sluzki diz que:

> *num nível existencial, nos seres humanos as relações contribuem para dar sentido à vida de seus membros. As relações sociais favorecem uma organização de identidade por intermédio do olhar (e das ações) dos outros. Disso deriva a experiência de que existimos para alguém ou servimos para alguma coisa, o que por sua vez outorga sentido e estimula a manter as práticas de cuidados da saúde e, em última instância, a continuar vivendo* (1997, p. 75).

Para Pichon Rivière,

> *a família proporciona o marco adequado para a definição e a conservação das diferenças humanas, dando forma objetiva aos papéis distintos, mas mutuamente vinculados, do pai, da mãe e dos filhos, que constituem os papéis básicos em todas as culturas* (citado em Osório et al, 1997, p. 50).

Para Levi-Strauss, são três os tipos de relações pessoais que configuram a família: aliança (casal), filiação (pais e filhos) e consangüinidades (irmãos). Isso nos conduz a um referencial intimamente vinculado à noção de família: o parentesco.

Para Cerveny (2001), a família é vista como um sistema, são pessoas que vivem no mesmo espaço físico e mantêm relações significativas de interdependência entre os vários subsistemas da família.

Com o olhar sob o mesmo tema, podemos perceber o grupo familiar sob inúmeros vértices, visto que já compreendemos que não existe uma única definição para ele. Ou seja, a família pode ser caracterizada de acordo com o olhar, o espaço, o tempo, o objetivo de quem a define.

Esse breve relato sobre a família é um atalho para nos conduzir ao campo da terapia familiar e sua visão da doença e do doente. Na teoria sistêmica, o aspecto fundamental é que o ser "doente", ou a pessoa que apresenta problemas, é apenas um representante circunstancial de alguma disfunção no sistema familiar. Enquanto o modelo tradicional de práticas psicoterapêuticas diria que o transtorno mental se manifesta pela força dos conflitos internos ou intrapsiquícos, tendo sua origem no próprio indivíduo, o modelo sistêmico daria ênfase a tal transtorno como expressão de padrões inadequados de interações familiares.

Salvador Minuchin (1982, p.18) ressalta que "a patologia pode estar dentro do paciente, em seu contexto social ou no *feedback* entre eles". Dessa forma, a terapia proposta por ele, parte de três axiomas:

1) a vida psíquica de um indivíduo não é inteiramente um processo interno – o indivíduo influência seu contexto e vice-versa; suas ações são governadas pela característica do sistema;

2) as mudanças na estrutura familiar contribuem para mudanças no comportamento e nos processos psíquicos internos de seus membros;

3) o terapeuta é parte do sistema e seu comportamento é significante na mudança.

A família é que constrói, juntamente com seus membros, o cunho da individualidade. O ser humano necessita ter um sentido de pertencimento e um sentido de ser separado, e o local em que esses elementos são experienciados, é a família. O sentido de separação e de individuação ocorre mediante a participação em diferentes subsistemas familiares. Contudo, diferentes grupos, também influenciam essa construção. Com a reforma psiquiátrica, não podemos correr o risco de fazer "uma simples devolução" do enfermo à sua comunidade, aqui representada pela figura da família, o que dá margem a uma interpretação de "uma exclusão às avessas". É necessário tratar também da família, como um processo a ser construído no cotidiano com o intuito de melhorar a qualidade da vida de doentes e familiares.

Vemos que o ser humano é um complexo sistema cuja vida depende do funcionamento inteligente, equilibrado e inter-relacionado dos distintos subsistemas que o formam e, ao mesmo tempo, o definem como espécie.

A terapia familiar nasceu como uma resposta alternativa às limitações que sempre sofreram e sofrem os tratamentos individuais das pessoas que apresentam algum tipo de desequilíbrio emocional, afetando o curso normal de suas vidas.

A família converteu-se em uma unidade, em um único organismo; e quando um ou mais dos membros do sistema apresentam um problema, ela passa a ser o lugar privilegiado para a intervenção terapêutica. Assim, a família é observada como um sistema de relação viva, com seu equilíbrio e desequilíbrio, com suas etapas de crescimento e estancamento, perfilando um caminho terapêutico no qual o paciente designado (portador do sintoma) não é nem o mais, nem o menos importante dos membros familiares. Dessa maneira, o sintoma se converteu, basicamente, em uma espécie de sinal de alarme, um aviso de que algo não funciona bem (crise) e de que algo tem que se modificar. Os sintomas refletem uma tentativa do organismo ou sistema de curar-se e de alcançar um novo nível de organização.

A história da terapia familiar coincidentemente começa com os estudos sobre doentes esquizofrênicos e no capítulo de "Comunicação e família", o leitor vai encontrar também, algumas explicações sobre esse início.

Um dos teóricos importantes desse período foi Murray Bowen, que combateu a idéia vigente da mãe esquizofrenogênica, e considerava, como outros autores, a influência da família como um todo na melhora ou piora do paciente. A teoria dos sistemas e a teoria da comunicação redimensionaram a compreensão da doença mental e da terapia familiar. É a partir dessa nova visão que faremos de agora em diante as nossas reflexões.

Para nós, a família pode ser pensada como um sistema complexo no qual existem múltiplos mecanismos reguladores e a doença e/ou o doente podem gerar diferentes respostas adaptativas.

Em outras palavras, no modelo sistêmico, a enfermidade é vista como parte de uma dinâmica de ajustes adaptativos constantes entre os sistemas biológicos, psicológicos e interpessoais.

Muitas vezes ouvimos que a doença de um indivíduo pode ser sintoma de um conflito familiar, mas é possível dizer também que a doença de uma família é sintoma de seu conflito com a sua realidade.

Como as famílias com "doenças" chegam à terapia familiar?

Elas podem chegar pelo "doente", quando ele é encaminhado por não conseguir aderir ao tratamento indicado pelo médico. Isso é comum nos casos de dependência, de doenças crônicas e daquelas consideradas de origem psicossomática. Outras vezes, alguém chega a terapia porque uma evolução inesperada no quadro médico exige um acompanhamento psicológico.

Geralmente as famílias podem ser incluídas no tratamento a partir do atendimento a um de seus membros, mas existem também casos em que a família procura tratamento em função da doença.

Assim, pode acontecer que apareçam sintomas em outros membros da família relacionados à doença. É comum encontrarmos, por exemplo, crianças que começam a desenvolver sintomas em conseqüência de ciúmes de um irmão que necessita de cuidados por desenvolver alguma doença não esperada, ou sofrer algum acidente que exija atenção redobrada dos pais.

Uma das autoras já recebeu na sua clínica a demanda de um irmão que queria fazer terapia porque sua irmã fazia e ele se sentia diminuído na atenção da família por não ter um psicoterapeuta.

As doenças também podem desencadear crises familiares, quando alteram muito a dinâmica e as funções dentro da família. Filhos prematuros, por exemplo, trazem modificações importantes nas relações do casal, assim como internações de membros de uma família alteram significativamente a relação entre seus membros.

158 Capítulo 8. Família e doença

Se pensarmos nas famílias com filhos deficientes, com doenças crônicas, com membros com alguma espécie de dependência, com doenças degenerativas, vamos imaginar as inúmeras manobras que devem ser feitas para esses sistemas encontrarem alguma acomodação nas alterações que estão sofrendo.

A enfermidade acaba muitas vezes virando o foco da família e outros problemas tornam-se periféricos. A família vive então só a doença.

Pode acontecer que a rede de apoio ao doente e de quem cuida da doença são de tal modo absorvidas pelo sistema que passem a fazer parte da família, muitas vezes com um grande poder de decisão sobre a organização familiar.

De acordo com Blender e outros (1994), as famílias podem ser então sintomáticas, e, nesse caso, acabam ficando enclausuradas nos seus sintomas. São famílias que, por causa de doenças graves de seus membros, traumas ou perdas, tornaram-se sintomáticas a ponto de se desorganizarem severamente. Os autores sugerem a indução de crises para o tratamento dessas famílias que consistem em:

> *conversações caracterizadas pela intensidade, repetição de desafios que são necessários para contrabalançar o processo destrutivo que tende a persistir nessas famílias apesar dos melhores esforços do terapeuta [...] Como as fronteiras dos sistemas severamente sintomáticos geralmente se estendem para incluir os vizinhos, os serviços da comunidade, das escolas, instituições médicas, agências de saúde mental e sistemas legais, o terapeuta deve evitar o erro de enfocar com muita ênfase a dinâmica intrafamiliar apesar de estarem compelidos a fazê-lo. É necessário que o terapeuta se junte à família em seu mundo e que se torne diretamente envolvido com as redes sociais mais amplas às quais a família está presa. Desta posição de proximidade, a integridade e a credibilidade do terapeuta ficam muito aumentadas. Ele pode, então, agir firmemente a partir das suas próprias*

Carmen Roberta Baldin Balieiro e Ceneide M. de Oliveira Cerveny

convicções e fazer recomendações, reconhecendo que a autoridade última e a responsabilidade sempre permanecem com família (pp. 200-201).

As experiências que temos visto na nossa realidade com o sistema de home care, do qual o terapeuta familiar faz parte, estão conseguindo bons resultados nos atendimento das famílias sintomáticas.

É importante chamar atenção para um aspecto que costuma aparecer na terapia familiar com famílias que têm um membro com qualquer tipo de doença que é a tirania que pode advir dessa situação. Quando a doença ou o doente passam a controlar o sistema familiar e o sistema funciona nesse enclausuramento, o que vemos é uma falência das relações familiares em que é comum acontecer rompimentos, divórcios e manifestações somáticas de outros membros, que levam a desintegração do sistema.

Com o terapeuta familiar pode acontecer de se sentir impotente num sistema onde existe a doença, e, quando isso acontece, ele pode desenvolver atitudes isomórficas às encontradas na família, como tentar distanciar-se emocionalmente, proteger-se, e assim por diante.

Sabemos que toda família tem uma cultura em relação à doença que se traduz em mitos e crenças quanto ao modo de encará-la, como cuidar de seus doentes e assim por diante.

Stierlin nos diz que:

> *a família, diferentemente dos outros grupos tem laços vitais autênticos e persistentes. Todos os atos e as maneiras de nos relacionarmos com outras pessoas dependem, em grande parte, de como isso se deu na família de origem* (1979).

Assim,

> *o modo de viver a doença, os rituais que a acompanham, os sentimentos presentes nessas ocasiões estão sendo sutilmente incorporados através das gerações, se transformando em crenças e*

160 Capítulo 8. Família e doença

mitos que formam a história da família e que vão constituir sua cultura específica (Cerveny, 1996, p. 68).

Doença e família não configuram, portanto, uma relação fácil de ser vivida e nem de ser explicada, pois ambas estão imersas em uma história antiga, inseridas em culturas e realidades diversas, emaranhadas com outros sistemas circundantes e, por isso, devem ser pensadas dentro dessa diversidade. Acreditamos que só um olhar interdisciplinar pode dar conta dessa relação tão especial.

Bibliografia

ANDERSON, C. et al. *Esquizofrenia y familia: guía práctica de psicoeducación*. Buenos Aires, Amorrortu, 1986.

BASAGLIA, F. *A psiquiatria alternativa*. São Paulo, Brasil Debates, 1982.

BERENSTEIN, I. *Família e doença mental*. São Paulo, Escuta, 1988.

CAPRA, F. *O ponto de mutação*. São Paulo, Cultrix, 1982.

CERVENY, O. M. C. "A família psicossomática". In: PAIVA, L. M.; NATRIELLI, D. G.; VIDIGAL, S.; CERVENY, C. M. O. et al. *Séculos XX e XXI: o que permanece e o que se transforma*. V. VI. São Paulo, Lemos, 1996.

——————. *A família como modelo: desconstruindo a patologia*. Campinas, Livro Pleno, 2001.

————— & KUBLIKOWSKI, I. "O eu e o elo: a história de uma herança". *Amor, ódio e grupalidade – Revista ABPAG, 07*, 1998.

COSTA, L. F. "O uso do jogo dramático no atendimento a famílias com membro psicótico". *Revista brasileira de psicodrama, 2*, ano 1, 2º sem., 1990.

HOUAISS, A. *Dicionário Houaiss da língua portuguesa*. Rio de Janeiro, Objetiva, 2001.

KOLB, L. *Psiquiatria clínica*. Rio de Janeiro, Ed. Guanabara-Koogan, 1997.

Carmen Roberta Baldin Balieiro e Ceneide M. de Oliveira Cerveny 161

KORNBLIT, A. *Somática familiar*. Barcelona, Gedisa, 1984.

MELMAN, J. *Família e doença mental: repensando a relação entre profissionais de saúde e familiares*. (Coleção Ensaios Transversais) São Paulo, Escrituras, 2001.

MINUCHIN, S. *Famílias: funcionamento & tratamento*. Porto Alegre, Artes Médicas, 1982.

OSÓRIO, L. C.; ZIMERMAN, D. et al. *Como trabalhamos com grupos*. Porto Alegre, Artes Médicas, 1997.

PALAZZOLI, M. S et al. *Paradoja y contra paradoja: un nuevo modelo en la terapia de la familia a transacción esquizofrénica*. Buenos Aires, A.C.E., 1982.

PESSOTI, I. *A loucura e as épocas*. Rio de Janeiro, Editora 34, 1994.

ROTELLI, F. e outros. "(Des) Institucionalização". In: MICACIO, F. (org.). *A instituição inventada*. São Paulo, Hucitec, 1990.

SOUZA, A. M. N. *A família e seu espaço*. Rio de Janeiro, Agir, 1985.

SLUZKI. E. C. *A rede social na prática sistêmica*. São Paulo, Casa do Psicólogo, 1997.

STIERLIN, H. *Psicoanálisis y terapia de família*. Barcelona: Icaria Editoras, 1979.

TERZIS, A. "Revisão Bibliográfica: psicologia do grupo familiar e sua relação no processo esquizofrênico". *Estudos de Psicologia - Revista quadrimestral do Instituto de Psicologia da PUCCAMP, 2* (1), abril, 1985.

Capítulo 9

Família e religião

Claudia Bruscagin[1]

A espiritualidade e a religião são aspectos muito importantes da experiência humana, seja vividas como crença pessoal no transcendente, seja vividas dentro de uma comunidade religiosa formal. Para muitas famílias a religião é parte integrante de suas vidas e experiências cotidianas. Os ensinamentos da sua crença e as atividades religiosas fazem parte do sistema de valores familiares e são a base de suas escolhas e ações. O ciclo de vida tem componentes religiosos. As pessoas religiosas compreendem os eventos da vida dentro da estrutura da sua crença. Para a maioria das religiões, casamento e nascimento dos filhos são os eventos mais importantes no ciclo de vida familiar. A cerimônia do casamento traz questões religiosas para serem levadas em consideração, e em muitas famílias procura-se escolher um parceiro da mesma fé religiosa. Os pais que são religiosos direcionam a educação das crianças para acreditarem em Deus, e as introduzem na estrutura e funcionamento das igrejas. Na idade ma-

---

1. Psicoterapeuta familiar; professora no curso de especialização em Terapia Familiar e de Casal do NUFAC/COGEAE; doutora em Psicologia Clínica pela PUC-SP. Endereço para correspondência: Rua João de Souza Dias, 757, Campo Belo São Paulo – CEP: 04618-003. E-mail: claudiabbs@uol.com.br

dura e velhice, cresce a importância dos valores religiosos. Nessas fases, as pessoas indagam mais sobre o sentido da vida, por encontrarem-se mais próximas da morte de pessoas queridas e da própria mortalidade.

Apesar disso, para muitos terapeutas de família o tema "família e religião" é irrelevante ou até prejudicial. Durante muito tempo essa questão ficou fora dos consultórios e dos cursos de graduação e pós-graduação em psicologia. Para muitos era – e ainda é – um assunto particular do cliente, que deveria ser abordado apenas no espaço religioso, com pessoas religiosas. Alguns se preocupam que o profissional possa impor sua crença aos clientes mais vulneráveis. Terapeutas que não se consideram religiosos, ou que desconhecem o assunto podem subestimar a poderosa influência da religião na vida de muitos de seus clientes e no processo de terapia.

De forma global, vemos o renascimento, ou a redescoberta, da espiritualidade e da religião, seja como forma de pensar, de filosofia de vida, seja como forma de viver em movimentos sociais de caráter religioso. Essa busca parece atender às aspirações dos seres humanos de precisarem crer em valores elevados e oferecer respostas às perguntas angustiantes sobre o sentido da vida. As crenças religiosas afirmam o que entendem ser a verdade, o que é bom e justo, dão às pessoas um quadro de referência e de valores que as ajuda a ver sentido no mundo.

O Brasil, maior país católico do mundo, é agora também o terceiro maior do mundo em número de protestantes. Segundo o Censo do IBGE de 2000, mais de 15% dos brasileiros, ou seja, 26 milhões de pessoas, são protestantes. Pode-se dizer que entre os católicos há uma maioria apenas nominal, não praticante, mas o número dos praticantes tem crescido, assim como o número de famílias que buscam um estilo de vida que siga os ritos prescritos pela Igreja, com preceitos morais e de conduta bem definidos.

Entre as pessoas que se dizem cristãs, a questão do estilo de vida diferente é um marco muito claro. Quem se diz cristão busca seguir um corpo de doutrinas de base bíblica, definido pela Igreja.

Claudia Bruscagin

Desenvolve-se entre eles uma prática religiosa metódica: freqüentam regularmente a igreja, oram, buscam orientação divina para seus problemas cotidianos, lêem a Bíblia freqüentemente, lêem literatura que reforça e enriquece o relacionamento familiar, procuram ter um estilo de vida pautado por uma moral religiosa e acreditam na Bíblia como palavra inspirada.

Para muitos, principalmente intelectuais e cientistas que pensavam que a modernidade acabaria com as religiões, é surpresa ver o crescimento do interesse das pessoas pela espiritualidade e religião. A busca pelo religioso pode estar indicando o desejo das pessoas por maior significado, harmonia e sentido em suas vidas. Num mundo globalizado, que muda aceleradamente, a vida parece muitas vezes beirar o caos e perder o sentido. Segundo Walsh (1999), ter que se dividir em múltiplos papéis, tentar atender a todas as demandas destrói o senso de identidade, bem-estar e propósito de vida. Para essa autora, "o crescimento na busca por religiões, ou por um desenvolvimento da espiritualidade pode ser visto como uma expressão da necessidade de se retornar às tradições que oferecem estrutura e certezas absolutas em reação às rápidas mudanças sociais" (p. 4). As pessoas parecem buscar na religião uma paz interior, uma ligação mais significativa com os outros além de si mesmos. Para alguns também ela pode representar mais um bem de consumo que atende às necessidades do momento ou preenche lacunas de sua história pessoal.

Muitas famílias religiosas, que procuram os profissionais da psicologia, têm a preocupação com a forma como o terapeuta vai lidar com sua orientação religiosa e ficam apreensivas sobre a maneira como os assuntos de fé (condutas religiosas, valores, orações e milagres) serão tratados em terapia. Existem características, algumas óbvias, que distinguem de modo importante as famílias religiosas de outras famílias. Segundo Walsh,

> *a espiritualidade não é simplesmente um tópico especial. Ela envolve fontes de experiência que fluem por vários aspectos das nossas vidas, das heranças familiares a sistemas de crenças pes-*

soais, rituais, e práticas e afiliações congregacionais. Crenças religiosas influenciam os meios de se lidar com a adversidade, com a experiência da dor e do sofrimento, o que é rotulado como problema e o significado de sintomas (1999, p. 3).

Assim, o terapeuta que vai trabalhar com essas pessoas vai precisar estar mais atento ao papel das crenças e das práticas religiosas nos relacionamentos da família e na terapia. Tanto a visão de mundo do cliente, como sua fé religiosa, participantes dos processos interacionais familiares, são potencialmente significativos.

As relações entre a psicologia e a religião

Segundo Vergote, antes do período moderno "a religião fazia tão estreitamente parte da vida política, social e familiar que para os homens dessa época ela era tão necessária quanto tudo que compunha a vida pública e privada" (2001, p.14). O mundo e a vida eram sempre pensados segundo a visão religiosa. Já na modernidade, com sua progressiva dissociação entre religião e vida, a racionalização e os critérios ditos científicos passaram a dominar todas as esferas da sociedade e a religião passou a ser separada da vida pública. O processo de secularização, com a gradual redução do domínio das instituições religiosas sobre setores da sociedade, deu-se principalmente após a modernização e a industrialização. Os indivíduos passaram a avaliar, interpretar e lidar com o mundo mais pela razão, sem o auxílio de indicações provenientes das instituições religiosas. A religião passou a ser considerada como um domínio de conhecimento précientífico e irracional, que tenderia a desaparecer conforme a ciência fosse encontrando as explicações cabíveis aos fenômenos inicialmente considerados religiosos.

Ao pensarmos a psicologia, observamos que, antes mesmo do desenvolvimento da clínica, eram os religiosos que pensavam sobre a condição humana, a natureza do sofrimento e como resolver os problemas da vida. Eles funcionavam como os psicoterapeutas de suas congregações. Era com eles que as pessoas se abriam para falar das questões mais íntimas, não só de foro espiritual, mas de problemas pessoais e familiares, trabalho, sonhos e desejos. Assim, uma das principais razões para o afastamento entre a clínica psicológica e as questões relativas à espiritualidade e à religião, na Modernidade, foi quando as ciências passaram a ser grandemente valorizadas, pois explicavam o mundo de modo objetivo, racional e experimental; todas as áreas do saber buscaram enquadrar-se nesse movimento procurando um objeto próprio de saber e métodos adequados ao seu estudo. Com a psicologia não foi diferente. Na segunda metade do século XIX, surgiram estudiosos dispostos a reservar a ela um território próprio. Massimi e Mahfoud comentam que a psicologia iniciou um rompimento com a tradição da psicologia filosófica e dos conhecimentos psicológicos das diversas áreas do saber para introduzir-se no método científico experimental, e alcançar "um conhecimento certo e unívoco de fenômenos que até então tinham sido abordados de maneira incerta e diversificada" (1999, p. 44).

A necessidade de a psicologia dissociar-se da filosofia e da religião, para conquistar suas credenciais e respeitabilidade como ciência empírica, colocou-a em oposição à disciplina especulativa e à dimensão espiritual encontrada na religião. As tradições religiosas passaram a ser vistas como incompatíveis com as ciências. Dada a necessidade de transformar a psicologia em ciência, um grande número de profissionais da área psicológica se colocou contra qualquer inclusão de material religioso na prática clínica, considerando sempre negativos os efeitos da religião sobre os clientes. Ao longo da história do desenvolvimento das teorias psicológicas, muitos autores (Freud, 1927; Spiro, 1966; Ellis, 1975) têm considerado a religião como uma expressão direta de doença mental, ou que trabalhar e pensar em religião junto com psicologia dificulta a aceitação desta como ciência.

168 Capítulo 9. Família e religião

O pensamento clássico da separação entre a ciência, em particular a psicologia, e a religião é derivado da noção de que a natureza de ambas é incompatível. A relação das duas se daria apenas com a religião sendo objeto de estudo da psicologia. A idéia de incompatibilidade ocorre pela crença de que a ciência se apóia em fatos e a religião, na fé; a ciência se compromete a verificar experimentalmente e provar suas propostas, ao passo que a religião não avalia objetivamente suas experiências; os critérios das teorias científicas são claros e objetivos, já os relativos à religião são subjetivos e intuitivos. A religião lida com aspectos de significado, sentido, valores, transcendência e ética; a ciência lida com o que pode ser mensurado, quantificado.

Esse movimento contra a religião na psicologia também teve suas repercussões nas instituições religiosas principalmente em relação a prática clínica da psicologia. Os religiosos sempre tiveram como parte de seu trabalho "curar as almas doentes", oferecer conselhos às pessoas que sofriam com problemas pessoais. Com o desenvolvimento maior da psicologia como campo de trabalho, os psicólogos e psiquiatras passaram a trabalhar com essas pessoas, que não mais procuravam os religiosos para se aconselharem. Houve como que uma competição pelos fiéis. Sendo assim, entre os religiosos também encontramos grupos a favor e contra a psicologia.

Desde que a psicologia desafiou o monopólio da religião sobre os métodos de transformação do ser humano, tem havido uma rivalidade, aberta ou não, entre esses dois domínios. Por muito tempo cada área pareceu ter a certeza de que tinha as habilidades necessárias para cuidar do desenvolvimento humano e promover mudanças, muitas vezes não admitindo nada em comum.

Quaisquer que sejam as razões para esse afastamento, há sinais de que a religião e a espiritualidade não estão mais tão distanciadas da terapia como já estiveram.

Um fator que sem dúvida alguma influenciou a maior abertura da psicologia às questões religiosas e espirituais foi a dificuldade da ciência em obter todas as respostas para os questionamentos humanos, que ela pensava que um dia alcançaria. Na modernidade, assumia-se que, apesar de toda diversidade de crenças, a realidade poderia ser progressivamente conhecida pela razão humana e pelos métodos científicos. Já a pós-modernidade propõe a impossibilidade de se conhecer a realidade. Segundo Wulff, na pós-modernidade:

> *todas as crenças, científicas ou religiosas, são construções sociais, produtos lingüísticos de negociações entre as pessoas vivendo em uma época e um lugar determinados. Não há pontos de vista privilegiados, nem métodos universalmente aceitos pelos quais se teste uma proposição contra a outra, nem critérios preestabelecidos para se escolher dentre as opções* (1997, p. 9).

A tendência pós-moderna na ciência possibilitou que todas as formas de conhecimento humano se tornassem valorizadas, incluindo-se o conhecimento e as crenças religiosas.

Na ciência e na psicologia pós-modernas, valorizam-se o singular, o idiossincrático e o contextualmente situado, em vez de leis gerais. O psicólogo está mais atento aos significados construídos pelas pessoas do que aos fatos, e o intersubjetivo passou a ser muito valorizado. A realidade na visão pós-moderna é múltipla e construída pelo observador a partir de suas experiências com o mundo e da troca com os outros por meio da linguagem. Goolishian afirma que:

> *a ação humana se dá numa realidade de compreensão que é criada através da construção social e do diálogo. As pessoas vivem e compreendem seu viver através de narrativas socialmente construídas que dão significado e organização às suas experiências* (Anderson & Goolishian, 1993, p. 10).

Para a pessoa religiosa, os valores religiosos e a visão de mundo baseada na idéia de que há uma realidade espiritual e de que as experiências espirituais fazem diferença no comportamento podem influenciar a sua compreensão da realidade, sua identidade e sua capacidade de interagir com o mundo.

170 Capítulo 9. Família e religião

Para Stanton Jones (1996), compreender a ciência pela perspectiva pós-positivista, possibilita o reencontro da ciência e da psicologia, com a religião, pois a ciência a partir dessa visão passa a ser mais humanizada e todo o conhecimento passa a ser compreendido como criação da mente humana. Psicologia e religião abordam aspectos reais da experiência humana. A ciência lida mais com aspectos sensórios, objetivos, públicos, quantificáveis e repetitivos da experiência humana. A religião lida mais com aspectos internos, subjetivos, qualitativos e imensuráveis da experiência humana e com a natureza do transcendente por meio da revelação, da razão e da experiência. Psicologia e religião são tentativas humanas de dar sentido à complexidade da vida. O objetivo de cada uma é a busca da compreensão da existência, não obstante as respectivas particularidades.

Espiritualidade e religião

Antes de discutirmos a importância da religião na prática clínica, creio ser importante que se defina os termos religião e espiritualidade. Para muitas pessoas, ambos têm o mesmo significado, para outras seus significados são distintos. Pode haver pessoas com espiritualidade que não sejam religiosas ou religiosas sem serem espirituais? Muitos que dizem não ser religiosos evidenciam alguma forma de prática espiritual: possuem um talismã da sorte, fazem meditação, lêem livros de auto-ajuda, "batem na madeira". Mesmo entre os terapeutas, há aqueles interessados em tarô, I Ching, cristais, florais ou outras práticas não tradicionais. Eles estão desenvolvendo sua espiritualidade ou sendo religiosos?

A religião pode ser definida como um sistema de crenças organizado, que inclui valores morais e a existência de Deus ou um ser superior, que é partilhado, institucionalizado e leva as pessoas que dele partilham a se envolverem em uma comunidade de fé. A religião propõe normas e prescrições para a vida individual e familiar baseadas em suas crenças. Algumas idéias e práticas são consideradas certas e verdadeiras em oposição a outras, consideradas erradas e que nem são questionadas. A participação na comunidade congregacional oferece benefícios sociais e de saúde bem como apoio em momentos de crise. Os rituais e as cerimônias religiosas proporcionam aos participantes um sentido de pertencimento. A família é central em muitos rituais, como os que marcam o nascimento de um membro, a passagem para a adolescência, os votos matrimoniais e a morte de um ente querido.

A espiritualidade pode ser experimentada tanto fora como dentro de estruturas religiosas formais e é mais ampla e pessoal. A espiritualidade, como a define Tillich (1952), um teólogo existencial, nasce da "consciência existencial de não ser". Essa consciência pode ser provocada ou se manifestar em termos de perda ou ameaça de perda de um relacionamento consigo mesmo, com Deus ou com os outros. Segundo ele, essa consciência é uma ansiedade ontológica, um medo indiferenciado sobre a possibilidade da perda de si mesmo. Ela surge quando o homem se interroga, do mais profundo do seu ser, questionando sua existência e seu propósito, e se coloca diante de algo que o transcende e se apresenta como superior a ele.

A espiritualidade está relacionada com um ativo investimento em um conjunto de valores internos e abriga um senso de significado, completude interior, harmonia e conexão com os outros – uma unidade com toda a vida, a natureza e o universo. A espiritualidade pode envolver a crença em um ser superior ou não. Os recursos podem variar de filiação a uma religião a práticas individuais, como meditação, peregrinações, curas espirituais. Podem incluir experiências numinosas, que são sagradas ou místicas e difíceis de explicar em uma linguagem que não seja a da fé. A espiritualidade é um constructo abrangente que se refere mais genericamente a crenças e práticas transcendentes, é mais ampla e pessoal.

O que percebo é que todas as pessoas possuem alguma forma de espiritualidade, mas nem todos a expressam em termos de uma religião. Penso que tanto a espiritualidade quanto a religião sejam aspec-

172 Capítulo 9. Família e religião

tos importantes no processo de terapia familiar, pois ambos influenciam e são influenciados pelas escolhas feitas no sistema familiar.

Importância da religiosidade para a prática clínica

A área da psicologia inclui a sua ciência e suas aplicações. É na prática da psicoterapia que a inter-relação entre psicologia e religião se mostra mais óbvia. Pargament (1996) afirma que os psicólogos têm muito a ganhar ao trabalhar com o mundo religioso no esforço de promover saúde mental. Salienta que a religião tem a capacidade de construir, sustentar e reconstruir vidas humanas, individual e coletivamente. Enfatiza a importância da interação entre as comunidades religiosas e psicológicas assistindo às pessoas na busca de sentido de vida. Ressalta a importância do uso de recursos do mundo religioso para a psicoterapia, como a prática de rituais e do perdão. Assinala que a interação entre psicologia e religião deve se apoiar no respeito às diferenças e às similaridades entre as duas disciplinas. Os clérigos não devem ser confundidos com psicólogos, assim como as igrejas não devem ser confundidas com centros de saúde mental. A missão e os valores de cada campo são distintos, mas se aproximam pelo comprometimento com o bem-estar daqueles a quem servem.

Pensando na aproximação entre psicologia e religião, alguns aspectos apontam para a relevância da inclusão da religiosidade na prática clínica.

1) Cultura e religiosidade

A cultura é um poderoso gerador de significado; dela derivam as crenças que padronizam o pensamento, os sentimentos e o comportamento. As religiões, presentes nas várias manifestações culturais – como as artes, a alimentação, a comemoração de dias festivos e rituais, o modo como as pessoas se relacionam com a vida, a morte

Claudia Bruscagin

e a doença –, participam fortemente do contexto em que os indivíduos se desenvolvem. A religião faz parte da história de vida das pessoas, podendo ter um sentido positivo ou negativo para a formação da personalidade. Por essa razão, Shafranske e Malony (1996), incluem a religião em todo atendimento clínico, mesmo se apenas implicitamente; para esses autores, ignorar tal dimensão na terapia é perder um aspecto fundamental da formação pessoal. É importante que o terapeuta familiar inclua em seu trabalho a compreensão do compromisso religioso nas famílias de origem, a educação religiosa, as experiências formativas de fé, os desafios presentes no contexto de desenvolvimento da fé e o atual envolvimento com uma congregação religiosa, comunidade de fé ou tradição espiritual.

2) Relação da religiosidade com a saúde mental

Apesar de termos passado por um longo período em que a religião nas pesquisas era vista como fator de patologia nas pessoas e famílias, temos hoje inúmeros trabalhos (Lotufo Neto, 1999; Gartner, 1996; Shafranske, 1996; Schumaker, 1992) que apontam o envolvimento religioso como um fator positivo influenciando a saúde mental do indivíduo e da família.

Lotufo Neto (1999) observa os argumentos sobre o impacto positivo da religião na saúde mental: a) reduz a ansiedade existencial ao oferecer uma estrutura cognitiva que explica o mundo; b) oferece esperança, sentido, significado e sensação de bem-estar emocional; c) ajuda as pessoas a enfrentar melhor a dor e o sofrimento; d) soluciona o problema da morte, reassegurando uma continuidade da vida; e) dá às pessoas uma sensação de poder e controle ao se associarem com um ser superior; f) estabelece orientação moral que suprime práticas e estilos de vida autodestrutivos; g) fornece identidade ao unir as pessoas em torno de uma crença comum, satisfazendo a necessidade de pertencimento.

Gartner (1996) identificou uma série de variáveis de saúde mental correlacionada a religião. Em sua revisão da literatura, encontrou

174 Capítulo 9. Família e religião

afirmações de que o envolvimento religioso favorece a saúde física e aumenta a satisfação marital, o bem-estar e a saúde. Diminui o risco de suicídio, alcoolismo, depressão, delinqüência, comportamento criminoso, bem como o divórcio nas famílias.

3) Presença da religiosidade na clínica psicológica

Pesquisas americanas referentes à religiosidade na clínica psicológica indicam que 90% dos clientes se identificam com uma religião, 86% acreditam em Deus, 70% acreditam que há um Deus que atende às orações, 64% se consideram religiosos, 49% freqüentam igreja regularmente e 47% consideram a fé relevante para seu modo de vida (Barna, 1992). No Brasil, ainda não temos pesquisa sobre a religiosidade na clínica psicológica, porém uma pesquisa realizada a pedido da revista Veja (2001) pelo Instituto Vox Populi revelou, como resultado sobre a questão religiosa na população brasileira, que 99% dos brasileiros acreditam em Deus, 83% acreditam na vida eterna e no paraíso, 69% crêem em punição e recompensa após a morte. Se pudermos transpor esses números para a nossa clínica psicológica, vamos ver que a maioria dos clientes acredita em Deus, logo questões relativas à religião e à espiritualidade têm sua relevância na clínica psicológica.

Porém, só saber que o cliente é religioso não nos esclarece muito sobre seu modo de ser; é fundamental saber "como ele é religioso". É preciso identificar as motivações para seguir uma religião, quais os componentes significativos presentes na configuração religiosa de cada um, as representações de Deus, as crenças que servem de eixo na organização interna, as convicções que norteiam as atitudes e comportamentos da pessoa. Em 1961, Allport já apresentava uma distinção no que tange à motivação religiosa, que, segundo ele, pode ser uma motivação extrínseca ou intrínseca. Pessoas com motivação extrínseca utilizam a religião para seus próprios fins: para prover segurança, conforto, sociabilidade, distração, status e autojustificação; essa motivação se relaciona ao modo como alguém pertence a uma comunidade e ao

Claudia Bruscagin

papel que desempenha nela. A pessoa com motivação intrínseca encontra seu motivo primário na religião; o indivíduo internaliza os valores e os princípios religiosos e realmente vive sua religião. Dependendo de "como" o cliente é religioso, nossa abordagem desse tema na terapia será diferente, pois, mesmo clientes de uma mesma denominação religiosa experimentarão sua religiosidade de maneira única.

4) Religiosidade e os valores

Uma vez que o atendimento psicológico envolve a pessoa como um todo, não se pode lidar com aspectos segmentados das pessoas. Assim, ao tratarmos o cliente como um todo, inevitavelmente entraremos em contato com seus valores e também com sua religião e sua vida espiritual.

Para Pargament, as "pessoas são chamadas de religiosas quando o sagrado é parte de seus mais profundos valores e quando o sagrado está envolvido no modo como constroem, mantêm e mudam esses valores" (1996, p. 216). A religião prescreve o que os indivíduos devem buscar e o caminho que devem tomar para alcançar esses objetivos. De acordo com a perspectiva dos valores religiosos, há uma realidade espiritual e as experiências espirituais tornam o comportamento humano diferente. O espírito de Deus, ou do divino, pode influenciar a identidade, a ação e o estilo de vida dos seres humanos. Além disso, os valores religiosos oferecem uma estrutura de referência clara (e não relativa) em relação aos comportamentos. Segundo esse autor,

> os valores espirituais ajudam a enraizar os valores de saúde mental em termos dos universais, e a perspectiva espiritual torna mais fácil de estabelecer uma estrutura moral de referência, porque vê o mundo em termos de ser carregado de valores (p. 398).

Para as famílias religiosas, que acreditam que Deus ou um outro ser superior existe, as convicções espirituais dão aos valores um poder a mais para influenciar a vida.

176 Capítulo 9. Família e religião

Trabalhando com famílias cristãs

O fato de eu ser cristã, freqüentar igreja e participar de suas atividades, bem como fazer palestras em igrejas de várias denominações,
tem, de uma forma natural, atraído muitos clientes religiosos que me
procuram ou são encaminhados por padres e pastores para atendimento psicológico. Na maioria das vezes, são clientes que procuram um
profissional cristão que eles acreditam ser mais capacitado a entender
esse importante aspecto de suas vidas e a compreender e aceitar suas
experiências religiosas sem interpretar, redirecionar ou negar a crença
que os norteia. Creio que profissionais qualificados, sensíveis e abertos aos aspectos da religião e à sua influência no contexto dessas famílias, são capazes de trabalhar com tais clientes mesmo que não sejam
religiosos. Gostaria de ressaltar alguns aspectos que podem ser úteis
aos terapeutas que venham a trabalhar com essas famílias.

Abordagem colaborativa

Muitas vezes, pela falta de conhecimento, terapeutas ficam
inseguros sobre como abordar as questões religiosas na terapia. Uma
abordagem colaborativa pode minimizar o perigo de o terapeuta
não interpretar adequadamente certos aspectos da vivência religiosa de seus clientes, ou rotulá-los como patológicos ou irrelevantes
ao processo. Na abordagem colaborativa, o terapeuta sai da posição de especialista e busca uma parceria mais igualitária com seu
cliente. Ele assume uma posição de não conhecimento, de não saber (Anderson & Goolishian, 1993), assim suas compreensões e
explicações não são limitadas por teorias ou experiências anteriores. Essa postura permite que o terapeuta mantenha contato com as
experiências do cliente de modo a ouvi-lo sem preconceitos. A exploração da experiência vivida pelo cliente é feita por meio de um
trabalho conjunto, no qual terapeuta e cliente se debruçam sobre as
experiências, buscando novas idéias e significados que ajudem na
compreensão e elaboração das mesmas. O terapeuta prioriza a vi-

são de mundo, significados e compreensões que o cliente dá à sua experiência: "isso permite ao cliente mobilidade no espaço de conversação, uma vez que o cliente não tem que promover, proteger ou convencer o terapeuta de seu ponto de vista" (Anderson & Goolishian, 1993, p. 13). É por meio das histórias e descrições dos clientes que podemos entrar em contato com a experiência vivida e desenvolver novos sentidos e compreensões. Terapeuta e cliente criam a descrição de novas realidades conjuntamente. "O terapeuta está sempre preconcebido por sua experiência, mas deve ouvir de tal modo que sua pré-experiência não o impeça de atingir o significado total das descrições que o cliente faz de sua experiência" (Anderson & Goolishian, 1993, p.13).

Nessa postura colaborativa, o terapeuta poderá aprender com seus clientes sobre suas crenças e suas metáforas religiosas, que podem ser diferentes das dele, mas que são igualmente respeitadas. A religião pode ser compreendida como um universo de significados construídos pelo homem, oferecendo um contexto para muitos dos comportamentos humanos e muitos eventos significantes. É um sistema que inclui ideais específicos sobre a estrutura do casamento e a interação marital e familiar. Por exemplo: a cerimônia do casamento ou o nascimento de um filho têm um significado extra, ou pelo menos diferente, quando um significado religioso está ligado a estes eventos.

A linguagem do cliente

Os terapeutas precisam ser cuidadosos e não julgadores da linguagem que os clientes utilizam para expressar suas crenças religiosas ou espirituais. É importante, também, que se familiarizem com as expressões e terminologias religiosas dos clientes como, por exemplo, "pecado", "graça", "salvação", para poder utilizar a linguagem do cliente e suas crenças como um recurso, e sem preconceitos.

Anderson e Goolishian (1993) mostram que a linguagem de um sistema define a natureza do sistema e a linguagem no sistema familiar é um mecanismo importante para a criação e perpetuação do sistema de crenças compartilhado. Na família religiosa, a fala "revela a mão de Deus" nos eventos mundanos e extraordinários da vida e pode significar que Deus se torna o Ser operante cujo propósito está intimamente conectado à família e envolvido no curso da sua história. Casais religiosos freqüentemente descrevem Deus os unindo no casamento, formando um "triângulo divino", e falam do casamento como pertencente a Deus, ou do casamento servindo a propósitos divinos. Conversações diárias dão poder a essas crenças e eles encontram a influência de Deus nas interações do cotidiano. Na família religiosa, a linguagem confirma a crença de que Deus é um membro do sistema familiar.

Como a linguagem utilizada por muitas famílias inclui a religião e crenças religiosas, o terapeuta deve ser capaz de entrar na conversação usando a linguagem do cliente, desse modo, qualquer crença religiosa mantida pelo cliente deve ser incluída na conversação. Se o terapeuta ignora a religião, o cliente pode não se sentir compreendido ou entender que parte do seu mundo não tem lugar na terapia.

A linguagem religiosa pode ser vista como uma linguagem metafórica. O uso dessas metáforas pode sinalizar que os clientes têm uma relação pessoal com Deus e podem, de algum modo, compreender suas experiências como sendo influenciadas pela intervenção divina. Dentre algumas dessas metáforas podemos citar: "o Senhor proverá", "o poder da oração", "a vontade de Deus". O terapeuta precisa ter conhecimento delas pedindo ao cliente que lhe ensine seus significados. Isso possibilita a construção de novas metáforas ou significados, podendo ajudar a família a criar novos sentidos que podem fazer a diferença no problema apresentado. Dessa forma, o terapeuta estará mostrando aceitação das crenças religiosas de seu cliente e poderá entrar em conversação, trabalhando melhor com a realidade que ele vive.

Claudia Bruscagin

A família da igreja

A igreja é um importante recurso na vida das pessoas, pois supre diversas necessidades. A igreja oferece suas atividades regulares de cultos e missas, onde as pessoas se encontram para, juntas, adorarem a Deus, além de outras atividades sociais de lazer; possibilita a formação de grupos de oração ou de auto-ajuda nos quais as pessoas podem encontrar espaço para se abrirem e partilharem problemas e alegrias. A igreja oferece uma série de cursos e palestras para enriquecimento pessoal e familiar, além dos voltados para as questões religiosas. E também existem os pastores, padres e membros leigos que atuam como conselheiros e orientam as pessoas. As pessoas do grupo, seguindo os mesmos princípios e práticas, "lembram e reafirmam responsabilidades e papéis, neutralizam os desvios de comportamento que se afastam das expectativas coletivas, permitem a dissipação da frustração e da violência e favorecem a resolução de conflitos" (Sluzki, 1997, p. 50). A igreja pode oferecer ajuda financeira, alimentos, busca de emprego, auxiliando os seus membros em diferentes momentos de necessidade. Também pode abrir novas possibilidades de contato com outras pessoas e novas redes.

A participação ativa na comunidade religiosa é outro ponto que distingue essas famílias. A igreja e seus membros são entendidos como a família espiritual, são todos filhos de Deus, irmãos uns dos outros. Essas famílias valorizam as amizades e têm diversas atividades em comum, por isso é freqüente que criem laços de proximidade entre si, especialmente quando estão vivendo as mesmas etapas do ciclo vital familiar. Essa participação conjunta é muito importante para os pais, pois na igreja encontram outros pais que pensam e agem da mesma forma com os filhos, o que os ajuda a reforçar seus valores e práticas religiosas. Essa "família extensa" pode ser utilizada como um valioso recurso pelo terapeuta.

Deus como membro do sistema familiar

Deus é um membro real e ativo no sistema familiar. Além de serem religiosos e, assim, demonstrarem uma série de comportamen-

180 Capítulo 9. Família e religião

tos e práticas norteadas pela religião, é a inclusão de Deus como membro presente no sistema familiar o fator diferencial mais marcante entre famílias cristãs e não-cristãs.

A família cristã conta com a presença de Deus em seu meio, como seu membro, mas não de forma física. Sua presença e suas ações são sentidas e reconhecidas pela família que funciona e reage mediante essa presença. Deus é colocado como estabilizador no relacionamento familiar e envolvido no dia-a-dia da família. Esse relacionamento não é isolado e sim mesclado ao relacionamento com os demais membros. A consciência de que não se está sozinho neste mundo – "Deus está conosco" – é uma consciência da família que, em contrapartida, procura agir no dia-a-dia de acordo com o que sabe que irá agradá-lo: ser obediente aos seus mandamentos, honrar pai e mãe, orar, ler a Bíblia, praticar sempre o bem e desenvolver individualmente um relacionamento pessoal com Ele. Assim, a fé da família na presença de Deus em seu meio molda as normas de relacionamento, influencia suas atividades e determina como os membros vêem o mundo.

Conhecer a relação entre os membros da família e Deus é crucial para a compreensão do sistema familiar. Apesar de cada relacionamento com Deus ser diádico, a relação Deus-família pode ser a base para intervenções no grupo familiar. Conseqüentemente, um terapeuta que trabalhe com um casal ou uma família religiosa não pode deixar de incluir Deus no sistema familiar.

As práticas religiosas

As práticas religiosas fazem parte da vida do cristão. Algumas servem para manter a motivação religiosa e outras são expressões de seu comprometimento religioso. Estão incluídos os sacramentos, os ritos, os símbolos e as revelações dos ensinamentos de Cristo. Esses sacramentos têm a qualidade de serem memoriais ou símbolos. Na Igreja Católica são sete os sacramentos: batismo, casamento, confirmação, eucaristia, penitência, ordens sagradas (vida sacerdotal) e extrema-unção. Para os cristãos não-católicos, a atitude em relação aos sacramentos varia grandemente, principalmente quanto ao significado e à ênfase. Os principais são o casamento, o batismo, a unção, e alguns praticam a santa ceia.

A freqüência regular à igreja, oração particular e outras práticas religiosas são comumente vivenciadas como forma de manter e aumentar a relação com Deus.

Testemunhar também faz parte desse processo: é quando uma pessoa relata às outras alguma experiência de fé como resposta de oração, ou seja, ela testemunha sobre algo que Deus fez por ela.

Na família cristã, a oração é a comunicação com Deus. Pode ser silenciosa, audível, um louvor, uma petição, uma confissão ou uma adoração. A oração é vital do princípio ao fim do processo de buscar orientação do Senhor. É o único meio que o homem tem para comunicar-se com o seu Criador.

Os cristãos procuram manter um estilo de vida que seja compatível com seus valores religiosos. Entretanto, há diferenças nesses estilos de acordo com as diferentes igrejas. Por exemplo: algumas pessoas se abstêm totalmente de bebidas alcoólicas e cigarro, já outras, usam a moderação como critério para se envolver nesses comportamentos. Para o cristão, esses são assuntos morais que derivam de valores religiosos, tais como manter boa saúde e ter responsabilidade sexual. As vestimentas também devem retratar a relação que o cristão tem com Deus: algumas igrejas, em função de manter a modéstia de seus membros, não permitem o uso de pintura, jóias ou bijuterias. A escolha de atividades de lazer também reflete o estilo de vida cristão, não levando a abusos ou atitudes não saudáveis para o corpo físico e para o espiritual. Um exemplo disso é a orientação que muitos pais dão aos filhos na hora de escolher o lazer: "Se Jesus estivesse aqui com você, o que Ele faria?" Ou então: "Será que seu anjo da guarda vai te acompanhar onde você quer ir?" Em todas as situações, reforçando a idéia de que "Deus está sempre presente" e deve aprovar as atividades escolhidas.

182 Capítulo 9. Família e religião

A Bíblia, para o religioso, é a revelação de Deus ao homem. Assim, os fatos ali registrados, além de considerados verdadeiros, são orientações morais, de conduta e de saúde. São os planos de Deus para o homem e nesse sentido são utilizados como diretrizes que norteiam a vida individual e familiar. Outro aspecto marcante na dinâmica e funcionamento dessas famílias é o uso que fazem da Bíblia como um "manual", fonte de orientações e conselhos sobre todas as áreas de relacionamento familiar. Vivemos uma época onde os pais insatisfeitos com os modelos tradicionais de educação passaram para um modelo de educação mais liberal, por vezes liberal demais, no qual não estabelecem limites nem hierarquia, o que também não os tem satisfeito. O que vemos, com freqüência, são pais cheios de dúvidas e inseguros sobre como lidar com os filhos, como impor regras e limites. Pais cristãos, tendo a Bíblia, sabem o que devem fazer, mesmo que seja diferente do que vêem muitos pais fazendo. Ao aplicar as orientações bíblicas na educação dos filhos sentem-se seguros, tendo um forte respaldo para suas ações uma vez que a Bíblia é a palavra de Deus.

Essas práticas podem ser utilizadas como recursos pelo terapeuta no trabalho com seus clientes religiosos, na forma de tarefas ou rituais, indicações de leituras bíblicas e até orações, desde que também façam sentido para o terapeuta e não sejam utilizadas como mera técnica.

Considerações finais

Para muitas pessoas, religião e vida familiar estão profundamente interligadas. Várias pesquisas (Sperry & Giblin, 1996; Walsh, 1999) mostram que crenças e práticas espirituais e transcendentes são ingredientes fundamentais no bom funcionamento familiar. Um sistema de valores e crenças partilhados, que transcendam os limites da experiência e do conhecimento, permite que os membros da família aceitem melhor os riscos e as perdas inerentes à vida. Kaslow (1982) observa que as famílias saudáveis têm um sistema de valores e crenças partilhadas que transcendem os limites de sua experiência e seu conhecimento, além de um sistema claro de confiança compartilhada. Isso possibilita aos membros da família aceitar os riscos inevitáveis e perdas que ocorrem ao longo da vida, assim como também possibilita definir a vida como tendo sentido e significado. As famílias precisam de um sistema de valores e crenças que transcendam os limites de sua experiência e seu conhecimento para que, ao enfrentar a sua realidade particular, que pode ser dolorosa, incerta e assustadora, possam ter uma perspectiva que, para eles, oferece sentido aos eventos e porporciona uma visão mais esperançosa e menos vulnerável das crises e problemas.

É visível que, no momento em que vivemos, muitas pessoas estão buscando a religião. Entendo, portanto, ser fundamental que os terapeutas que trabalham com indivíduos e/ou famílias desenvolvam uma compreensão abrangente sobre a espiritualidade e sobre as diferentes religiões, que estão também interligadas com outros aspectos da cultura e outras circunstâncias da vida. As crenças e valores influenciam o modo como as pessoas definem seus problemas, entendem as causas e as soluções, dão sentido ao sofrimento e à dor. Influencia a maneira como os membros da família se relacionam, como encaram as mudanças e aonde vão quando precisam de ajuda. Portanto, creio ser fundamental que na prática terapêutica o interesse pela vida espiritual e religiosa dos clientes seja parte da terapia, explorando-se as suas crenças e práticas para compreender o que pode ajudar a família a crescer, quais recursos estão disponíveis e que mudanças podem ocorrer. Concordo com Walsh quando afirma que "se formos compreender nossos clientes e ajudar em sua restauração e seu crescimento, é crucial explorar suas crenças e práticas espirituais, cuidar de suas fontes de sofrimento espiritual e encorajá-los a lançar mão dos recursos espirituais" (1999, p. 10).

Entender a religião familiar é vital para o terapeuta de família. A fé familiar orienta as regras de relacionamento, influencia as ativi-

184   Capítulo 9. Família e religião

dades familiares e determina como a família vê o mundo. É importante que o terapeuta possa ser capaz de verificar se as crenças e as práticas religiosas estão colaborando para o crescimento e a integração da família, ou se atrapalham por serem rígidas e vazias de sentido. A religião pode ser um importante recurso, quando o terapeuta entende essas crenças e práticas e a elas é sensível. Ou pode ser um fator de resistência na terapia quando o terapeuta não as reconhece ou minimiza sua influência.

Bibliografia

ALLPORT, G. *The individual and his religion*. New York, MacMillan, 1961.

ANDERSON, H. e GOOLISHIAN, H. "O cliente é o especialista: uma abordagem para a terapia a partir de uma posição de não saber". *Nova perspectiva sistêmica, 2 (3)*, 8-24, 1993.

BARNA, G. *What Americans believe: an annual survey of values and religious views in the United States*. Ventura, Regal Books, 1992.

BERGIN, A. E. "Psychotherapy and religious values". *Journal of consulting psychology, 48 (1)*, 95-105, 1980.

——————. "Values and religious issues in psychotherapy and mental health". *American psychologist, 46*, 394-403, 1991.

——————; PAYNE, R.; RICHARDS, S. P. "Values in psychotherapy". In: SHAFRANSKE, E. P. *Religion and the clinical practice of psychology*. Washington, APA, 1996.

BRUSCAGIN, C. B. *Religião: algema ou união matrimonial*. Monografia apresentada para obtenção do título de especialista em terapia de casal e família do Núcleo de Família e Comunidade do Programa de Pós-Graduação em Psicologia Clínica, PUC-SP, São Paulo, 1999.

ELLIS, A. "The case against religion: a psychotherapist's view". In: ARD, B. (Ed.), *Counseling and psychotherapy: classics on theories and issues*. Palo Alto, Science & Behavior Books, 1975.

Claudia Bruscagin

FREUD, S. *The future of an illusion*. New York, Anchor Books, 1927.

GARTNER, J. "Religious commitment, mental health and prosocial behavior: a review of the empirical literature. In: SHAFRANSKE, E. P. *Religion and the clinical practice of psychology*. Washington, APA, 1996.

GRIFITH, J. L. "Employing the God-family relationship in therapy with religious families". *Family Process, 25 (4)*: 609-618, 1986.

JONES, S. "A constructive relationship for religion with the science and profession of psychology: perhaps the boldest model yet". In: SHAFRANSKE, E. P. *Religion and the clinical practice of psychology*. Washington, APA, 1996.

KASLOW, F. W. "Portrait of a healthy Couple". *Clinics of North America, 5 (3)*, 519-527, 1982.

KLINTOWITZ, J. "A fé que move o Brasil". *Veja*, edição 1731. São Paulo, Editora Abril, 19 de dezembro, 2001.

LOTUFO NETO, F. "Religião e psiquiatria". *Anais do III Congresso de Psicanálise das Configurações Vinculares e II Encontro Paulista De Psiquiatria e Saúde Mental*, realizado em Águas de São Pedro, 1999, pp. 120-124.

MASSIMI, M. "Abordagens psicológicas à experiência religiosa: traçando a história". *A psicologia e o senso religioso. Anais do Seminário*. Ribeirão Preto, 14 e 15 de março de 1997, p. 44.

—————— & MAHFOUD, M. *Diante do mistério: psicologia e senso religioso*. São Paulo, Edições Loyola, 1999.

PARGAMENT, K. I. "Religious methods of coping: resources for the conservation and transformation of significance". In: SHAFRANSKE, E. P. *Religion and the clinical practice of psychology*. Washington, APA, 1996.

PREST, L. & KELLER, J. "Spirituality and family therapy: spiritual beliefs, myths and Metaphors". *Journal of marital and family therapy, 19 (2)*, 137-148, 1993.

SHAFRANSKE, E. P. *Religion and the clinical practice of psychology*. Washington, APA, 1996.

—————— & MALONY, H. N. "Religion and the clinical practice of psychology: a case for inclusion". In: SHAFRANSKE, E. P. *Religion and the Clinical practice of psychology*. Washington, APA, 1996.

186 Capítulo 9. Família e religião

SLUZKI, C. E. *A rede social na prática sistêmica: alternativas terapêuticas*. São Paulo, Casa do psicólogo, 1997.

SPERRY, L. & GIBLIN, P. "Marital and family therapy with religious persons". In: SHAFRANSKE, E .P. *Religion and the Clinical practice of psychology*. Washington, APA, 1996.

SPIRO, M. E. "Religion: problens of definition and explanation". In: BANTON, M. *Antropological approaches to the study of religion*. London, Tavistok. 1966, pp. 85-126.

STANDER, V. & PIERCY, F. "Spirituality, religion and family therapy: competing or complementary worlds?" *The American journal of family therapy, 22 (1)*, 27-41, 1994.

SCHUMAKER, J. F. *Religion and mental health*. New York, Oxford University Press, 1992.

TILLICH, P. "The courage to be". New Haven, Yale University Press, 1952. In: BURTON, L. A. *Religion and the family: when God helps*. New York, Haworth Press, 1991, p. 14.

VALLE, E. *Psicologia e experiência religiosa*. São Paulo, Edições Loyola, 1998.

VERGOTE, A. "Necessidade e desejo da religião na ótica da psicologia". In: PAIVA, G. J. *Entre a necessidade e desejo: diálogos da psicologia com a religião*. São Paulo, Edições Loyola, 2001.

WALSH, F. *Spiritual resources in family therapy*. New York, The Guilford Press, 1999.

WULFF, M. D. "The psychology of religion: an overview". In: SHAFRANSKE, E. P. *Religion and the clinical practice of psychology*. Washington, APA, 1996.

—————. *Psychology of religion: classic & contemporary*. New York, John Wiley & Sons, 1997.

Capítulo 10

Família e drogadição

Valéria Rocha Brasil[1]

A visão da drogadição vem se modificando ao longo da história, influenciando a compreensão desse fenômeno e, conseqüentemente, o tratamento concedido aos dependentes químicos e aos seus familiares. Sendo assim, vale ressaltar os diversos olhares que foram se configurando com o passar do tempo e perceber que ainda hoje algumas idéias, já "ultrapassadas", são utilizadas por núcleos distintos da sociedade e até mesmo entre certos profissionais da área.

Inicialmente, a toxicomania era vista como um problema espiritual e, portanto, o dependente químico devia ser tratado a partir de rituais específicos. A participação da família se resumia em colaborar com a retirada de uma "entidade espiritual" que fazia o indivíduo usar a droga. Dessa maneira, o drogadicto e a sua família não possuíam nenhuma responsabilidade sobre o fenômeno, que era, portanto, colocado como algo externo sem qualquer ligação com o sistema familiar. Posteriormente, a dependência de drogas passou a ser vista como uma questão moral. O dependente era considerado

---

1. Mestranda em Psicologia Clínica na PUC-SP, psicoterapeuta de família, casal e dependentes químicos.

188 Capítulo 10. Família e Drogadição

alguém amoral, "sem vergonha", "marginal", que deveria ser colocado à margem da sociedade (internado ou preso), e as famílias eram vistas como vítimas. Em 1966, a Associação Médica Americana passou a considerar alcoolismo como doença, contribuindo significativamente para retirar o estigma concedido anteriormente ao dependente químico. Por outro lado, esse termo isenta o dependente e a sua família de qualquer responsabilidade, transformando o fenômeno em uma questão organicista, sendo tratável apenas no âmbito médico. Em 1978, o código internacional de doenças (CID 9) substitui o termo alcoolismo por síndrome de dependência do álcool. Sendo a síndrome um conjunto de sintomas, aos poucos vai-se ampliando o olhar até chegar a concepção da dependência química como um fenômeno multifatorial. A toxicomania se estabelece a partir de fatores biopsicossociais e, portanto, a compreensão e o tratamento do toxicômano deve levar em consideração todos os contextos nos quais ele está inserido, bem como, as inter-relações que se estabelecem nesses diversos sistemas.

A visão sistêmica vê a dependência química que se estabelece em um ou mais membros de uma família como um sintoma da "doença" familiar. Sudbrack (em Seibel & Toscano Jr., 2001), coloca a drogadição como um sintoma – comunicação que encontrará seu sentido na vida relacional familiar. Na minha opinião, tanto é um sintoma que pode estar comunicando algumas dificuldades e funcionamentos do sistema familiar, como também é uma síndrome com características específicas, que influencia e é influenciada pelo sistema familiar e todos os outros sistemas circundantes.

Ao compreender a drogadição sob o paradigma sistêmico, torna-se mais claro a relevância de estudar a família e discorrer sobre como se estabelecem as relações quando um ou mais membros do sistema são drogadictos. É possível observar padrões de repetição entre estas famílias, aspectos intergeracionais, influências significativas no e do ciclo vital, configurações de "identidade familiar" em torno do uso de drogas, relações de co-dependência que se estabelecem e papéis fixos e inflexíveis assumidos. Ao longo do texto, irei

Valéria Rocha Brasil

detalhar cada um dos aspectos citados possibilitando posteriormente uma reflexão sobre o tratamento destas famílias.

O Impacto da drogadição na família

O impacto da dependência química em um sistema familiar é variável e estabelece um processo contínuo de inter-relações em que a família influencia a drogadição de um ou mais de seus membros e é influenciada por ela.

Os efeitos e conseqüências do abuso químico em uma determinada pessoa dependem de alguns fatores, tais como: o contexto em que o sujeito está fazendo uso, o tipo de droga, a quantidade, o estado psicológico e orgânico e a tolerância já desenvolvida. Nas famílias ocorre algo semelhante, já que o impacto da drogadição varia de acordo com as características externas e internas de cada sistema, como, por exemplo, o momento do ciclo vital em que se vive o fenômeno, a história intergeracional, o contexto sociocultural em que estão inseridas, etc.

Steinglass, Bennett, Wolin e Reiss (1997) discorrem sobre o quanto a dependência química no sistema familiar pode ser um fator de união ou de ruptura. Os membros não alcoolistas podem ser afetados física e psicologicamente tanto quanto o próprio dependente, ou até mesmo mais. As famílias, ao longo do processo, desenvolvem uma alta tolerância a situações de estresse e uma intensa adaptação. Os estágios avançados de alcoolismo podem levar a família ao isolamento, isto é, aos poucos vão deixando de freqüentar ambientes sociais com receio do alcoolista beber, os filhos não levam amigos para casa pois têm vergonha de mostrar sua realidade, e assim todos vão se fechando, quebrando laços sociais importantes e se organizando em torno do problema. Esse isolamento também colabora para a manutenção do "segredo familiar". Tais famílias costumam fazer do alcoolismo parte de sua identidade, isto é, as crenças, a história,

190 Capítulo 10. Família e Drogadição

as atitudes, as atribuições, as qualidades, as relações, os valores, a imagem de si mesma, o pertencimento, tudo se estrutura em torno da dependência química. É comum observar que, historicamente, o uso e o abuso da droga estiveram sempre presentes, desde a formação do casal e, às vezes, também na família de origem de um cônjuge, ou nas de ambos. A idéia de que um dia tudo vai mudar, ou de que "ele bebe porque é fraco", a convicção de que existe sempre um culpado, as ações estereotipadas, como a de não contrariar o sujeito quando chega alcoolizado, ou toda vez que isso acontece a esposa serve um café, dá um banho gelado nele e o coloca na cama – são atitudes e crenças que se repetem ano após ano sem haver qualquer mudança significativa. Os membros da família vão se fixando em papéis e atribuições bem definidos (o filho é responsável em retirar o pai do bar, a filha se responsabiliza em dar apoio para a mãe, etc.). A imagem que a família constrói de si muitas vezes é negativa, a auto-estima de seus membros é baixa, colaborando também para o isolamento ou a busca de relacionamentos que repetem esse padrão. Os mesmos autores afirmam que o alcoolismo passa a influenciar aspectos fundamentais da vida familiar, como rotinas, rituais e estratégias na resolução de problemas do cotidiano. Algumas famílias evitam comprar bebidas alcoólicas nas festas importantes, como nos rituais natalinos e nos aniversários. Outras estabelecem como estratégia de resolução, por exemplo, que os filhos corram para o quarto e finjam que estão dormindo toda vez que virem de longe o pai chegando alcoolizado em casa. Enfim, o alcoolismo pode influenciar significativamente as condutas reguladoras do sistema familiar.

Uma outra conseqüência importante a ser destacada é o impacto da dependência de drogas de um dos pais na vida e no desenvolvimento dos filhos. É difícil afirmar que o impacto depende de qual cônjuge é o dependente (o pai ou a mãe) ou que é mais intenso nos filhos de sexo masculino ou nos de sexo feminino. Sabemos que vai variar de acordo com as características pessoais de cada filho, a idade em que vivenciaram as conseqüências da dependência química de um dos pais, o equilíbrio emocional do pai não-toxicômano, a

Valéria Rocha Brasil 191

rede de apoio que os circundam e o grau de violência no ambiente familiar ou das reações do drogadicto diante dos filhos.

Griffith Edwards destaca alguns possíveis efeitos na vida dos filhos de alcoolistas:

> *Aumento da ansiedade na criança dentro e fora de casa, podendo acarretar dificuldades na aprendizagem e no relacionamento social; quando a criança é do mesmo sexo do progenitor adicto, o modelo de identificação poderá não ser satisfatório; quando a criança é do sexo oposto, poderá, no futuro, estabelecer relações amorosas semelhantes aos modelos parentais, repetindo assim, a história de sua família de origem; pode afetar a auto-estima da criança, fazendo-a se desenvolver com uma baixa auto-estima; o adolescente pode afastar-se da família unindo-se a grupos específicos de adolescentes, ou ocorrer o oposto, isto é, o jovem pode permanecer dependente da família na tentativa incessante de resolver os problemas e defender o progenitor que não bebe; o risco destes adolescentes desenvolverem alcoolismo no futuro é muito alto. Vale ressaltar que estes efeitos não se restringem apenas a filhos de alcoolistas (com exceção dos dois últimos), podem-se encontrar em crianças cujos pais sofrem de outros problemas. Nos casos em que a mãe é alcoólatra, o marido pode "eleger" uma filha como substituta da mãe, e esta passa a desempenhar um papel na família que não é o dela (cuida dos irmãos, da casa e da própria mãe)* (1987, p. 50).

Gitlow e Peyser (1991), chamam a atenção para algumas situações perturbadoras para os filhos de alcoolistas, vivenciadas no sistema familiar:

- inversão de papéis, em que um filho pode assumir o papel de pai e o pai assumir o papel de filho, por exemplo;
- inconsistência no afeto, no apoio e na segurança oferecidos por um ou ambos os pais – um exemplo ilustrativo é o do pai que varia o comportamento de acordo com o seu estado de sobrie-

Capítulo 10. Família e Drogadição

dade, isto é, quando está embriagado age agressivamente e quando está abstinente passa a ser carinhoso, ou o comportamento variável da mãe, que oscila constantemente de humor de acordo com o estado de embriaguez do marido, refletindo diretamente em sua atitude para com os filhos;

- dificuldade dos pais de preencherem as necessidades emocionais dos filhos – como, por exemplo, a mãe que está mais preocupada em salvar o marido do alcoolismo, esquecendo assim, de cuidar adequadamente dos filhos;

- freqüentes oscilações entre esperanças e frustrações – exemplo: os pais prometem que as coisas vão mudar, pois o cônjuge parou de beber, mas depois de um tempo ocorre a reincidência e tudo volta a ser como antes; isso fortalece nos filhos uma desconfiança básica que interfere nos seus futuros relacionamentos;

- oscilação constante de embriaguez e abstinência, criando nos filhos uma ambivalência de sentimentos de amor e ódio, culpa por odiar o pai tão amado e sensações de rejeição pessoal, vergonha e humilhação perante a sociedade, podem se sentir isolados, alienados, diferentes e com intensa desesperança.

Em relação ao cônjuge não-dependente de drogas, alguns autores descrevem um padrão seqüencial de reações comumente seguidas entre as esposas de alcoolistas. Apesar de algumas famílias não seguirem esse padrão, Griffith Edwards o descreve com bastante clareza:

> *Primeiramente negam a existência do alcoolismo e relutam em assumir que é um problema na família, depois tentam controlar ou prevenir o comportamento problemático, posteriormente, a família começa a se isolar socialmente. Com o tempo a esposa vai percebendo que não está resolvendo a situação, que as coisas estão piorando e seu limite está se aproximando, teme por sua sanidade e desenvolve um sentimento de desesperança. Ocorre a diminuição ou interrupção do contato sexual, havendo um*

distanciamento e sentimentos de medo e raiva. Percebe que algo deve ser feito e tenta convencer o marido a pedir ajuda. Essas esposas vivem problemas tanto no nível emocional, como no nível real. A auto-estima cai, sentem-se culpadas, angustiadas, infelizes e com medo, vivem problemas financeiros, violência doméstica, dentre outros problemas (1987, p. 45).

Muitas podem ser as reações diante da vivência de um casamento com um drogadicto. O cônjuge não adicto pode pedir o divórcio ou passar a brigar constantemente na tentativa de resolver o problema. Outra possibilidade é a adaptação a tal situação ou a busca de ajuda para si.

Na prática, percebo que as diversas reações diante de tais situações vão depender muito da estrutura emocional do cônjuge não dependente de drogas, da sua história de família de origem, das redes de apoio a que pertence, etc.

É importante observar as relações de co-dependência que ocorrem no sistema familiar. Os membros não toxicômanos podem estabelecer uma relação com o dependente de maneira semelhante a que ele desenvolve com a droga, isto é, assim como ele vive em função da droga e vai sofrendo conseqüências sérias de ordem biopsicossocial com isso, o co-dependente passa a organizar sua vida em torno do dependente vivenciando também problemas sérios conseqüentes de tal funcionamento. Segundo Hemfelt, Minirth e Meier,

co-dependência é uma adição a pessoas, comportamentos ou coisas. É a ilusão de tentar controlar os sentimentos interiores, através do controle de pessoas, coisas e acontecimentos exteriores. Quando ocorre uma co-dependência a pessoas, o Eu e a identidade pessoal, são brutalmente restringidos e superlotados pelos problemas e pela identidade do outro. Funcionam como aspiradores, puxando para si outras pessoas, responsabilidades, drogas, comida, trabalho, etc. Lutam sem trégua para preencher o grande vazio emocional que sentem por dentro (1989, p. 6).

Esses autores citam algumas características das pessoas co-dependentes, discorrem sobre os possíveis fatores vividos nas famílias de origem que colaboraram para o desenvolvimento de tais características e falam de papeis fixos e inflexíveis assumidos pelos integrantes de várias famílias com membros adictos.

O co-dependente pode apresentar uma ou mais compulsões; a auto-estima é baixa; acredita que sua felicidade depende do outro; sente-se responsável pelos outros; vive uma constante oscilação entre dependência e independência, tendo dificuldades em estabelecer relações de interdependência; nega constantemente sua realidade; preocupa-se em controlar e mudar coisas que não dependem dele, aumentando o seu grau de frustração em relação a vida; sente-se constantemente insatisfeito e sua vida é pautada por extremos. Geralmente, essas pessoas passaram por situações de abuso na infância; suas necessidades emocionais não puderam ser satisfeitas; viveram em sua família de origem com adições e repetem na família atual tal vivência.

Os papeis fixos e inflexíveis vividos, muitas vezes desde a infância, pelos familiares ressaltados por estes autores são:

- herói: muito cedo, esse filho assume tudo o que os pais não conseguem assumir, é muito responsável e procura "carregar a casa nas costas", tentando resolver todos os problemas da família;
- bode expiatório: chama a atenção pela transgressão; está sempre fazendo algo para ter a atenção dos pais, porém é sempre repreendido e apresenta um sentimento de inadequação;
- criança esquecida: está sempre se isolando e ninguém nota sua presença dentro da casa, passa despercebida pela família;
- mascote: tenta encarar a dura realidade do lar fazendo piadas e brincadeiras; desfocaliza os problemas familiares por meio de risadas, chamando a atenção dos pais, porém por trás do sorriso há um grande sofrimento;
- facilitador: está sempre apaziguando e minimizando as situações; protege o dependente de drogas e procura resolver todos

os seus problemas; assume a culpa de tudo e se adapta as circunstâncias decorrentes da drogadição.

Ao tratar dessas famílias, faz-se necessário à compreensão conjunta de tais papéis e dos ganhos e perdas que o sistema, como um todo, e cada membro obtêm com eles para posteriormente possibilitar um rearranjo e uma flexibilização.

Um outro aspecto importante do impacto da drogadição na família recorre sobre o ciclo vital da mesma, isto é, dependendo do momento em que a dependência química se torna evidente, o impacto sob o sistema pode diferir. Algumas vezes a dependência de drogas pode "congelar" a passagem de uma fase para outra do ciclo vital, por exemplo, quando um filho dependente químico se mantém na posição de adolescente mesmo depois de adulto e os pais mantêm a situação tratando-o como tal. A partir dos estudos de Steinglass, Bennett, Wolin e Reiss (1997) é possível tecer uma compreensão da dependência química em cada fase do ciclo vital.

Quando a dependência de drogas existe em um membro da família de origem de um casal (seja na de um ou na de ambos os cônjuges) na primeira fase do ciclo vital, os mesmos poderão repetir o padrão tal qual o das gerações anteriores, isto é, um dos cônjuges desenvolve também a dependência química e essa nova família passa a se organizar em torno do problema construindo sua identidade a partir de padrões aditivos. Outra possibilidade observada é a mescla de padrões das famílias de origem do casal, construindo assim, um terceiro arranjo com características de ambas famílias de origem. Outros casais preferem "romper" com os padrões das famílias de origem na tentativa de escrever uma história distinta.

Nos casos em que um dos cônjuges do novo casal é dependente químico, é possível se adaptar à drogadição estruturando a família em torno dessa questão, conforme citado anteriormente, ou ainda enfrentar o problema no sentido de tentar resolvê-lo, procurando um tratamento e operando mudanças significativas. Nesses casos, o tratamento costuma obter sucesso, uma vez que a família ainda não se estruturou profundamente em torno da dependência química. É co-

Capítulo 10. Família e Drogadição

mum observar também no funcionamento do novo casal cujas famílias de origem possuem um ou mais membros drogadictos, a dificuldade de estabelecerem limites, isto é, como as fronteiras entre as famílias de origem e a família atual não são muito claras, a invasão na vida do novo casal torna-se constante.

Quando a dependência de drogas se torna mais evidente na fase intermediária do ciclo vital, o tema central é a própria drogadição, reforçada por condutas estereotipadas, previsíveis e repetitivas. Essas famílias minimizam o impacto da dependência química em suas vidas e apresentam extremos de condutas, ou seja, transitam entre a permissividade e a interdição total, com limites e regras rígidas. Esforçam-se para desfocalizar os problemas negando muitas vezes o abuso de drogas do drogadicto. Para manterem o status quo, resistem e são intolerantes às mudanças e ao desconhecido. Por pior que possa estar a situação, pelo menos é conhecida e todos sabem como agir. As rotinas do cotidiano se organizam a partir do estado de intoxicação e abstinência do drogadicto. Os rituais são atingidos diferentemente em cada família. Algumas os "destroem" (não comemoram mais Natal, aniversários ou qualquer evento para evitar problemas com o dependente químico), outras adaptam todos os rituais para o dependente químico participar sem causar problemas (por exemplo, proíbem bebidas alcoólicas durante o ritual), e outras mantêm o ritual e excluem o drogadicto.

Na última fase do ciclo vital é possível observar uma rigidez intensificada para a manutenção do status quo. Algumas famílias se sentem ameaçadas com a presença de novos membros, principalmente se estes chegam com propostas de mudança (por exemplo, um genro que propõe tratamento para o pai alcoolista da esposa). Caso o drogadicto entre em um processo de abstinência, o impacto para o sistema familiar é grande, uma vez que o mesmo se estruturou durante anos em torno do problema. É comum nesses casos haver um boicote de alguns membros da família no tratamento do dependente químico.

Valéria Rocha Brasil

Padrões de repetição nas famílias dos drogadictos

Na prática clínica observo que as famílias com um ou mais membros dependentes de drogas apresentam diferentes estruturas. Portanto não se pode afirmar que exista um perfil específico dessas famílias ou taxá-las como "famílias tipicamente adictas". Porém é possível perceber certos padrões de repetição em algumas, que não necessariamente determinam um perfil específico, mas chamam a atenção e não podem ser negados. Compreender esses padrões nos possibilita levar em consideração a influência e o impacto do funcionamento do sistema familiar na drogadição.

Nem todas as famílias de dependentes químicos podem ser consideradas disfuncionais, mas em muitas ocorre um processo de circularidade em que a disfuncionalidade e o abuso de drogas se reforçam mutuamente, mantendo assim a homeostase familiar.

Rezende (1997) cita a revisão bibliográfica sobre famílias de dependentes de drogas efetuada por Vera e Goméz em 1985, ressaltando alguns traços comuns desse grupo sugerido por E e P. Kaufman em 1979:

> *O drogadicto é o portador do sintoma da disfunção familiar e colabora para manter a homeostase da mesma; o toxicômano reforça o padrão controlador dos pais, mesmo não sendo, tal prática, adequada às suas necessidades; é comum outros membros da família apresentarem comportamentos aditivos, tais como compulsão a jogo, a comida, ao trabalho, a drogas, e outros; o farmacodependente, com seu comportamento, cria situações que desfocalizam o problema de relacionamento dos pais; eles estabelecem uma aliança com um dos pais em separado; as fronteiras geracionais (conjugal, parental e fraternal) não estão bem definidas e freqüentemente existe competição entre os pais. O narcisismo é um aspecto importante da personalidade dos pais: reconhecem-se no filho, mas não o reconhecem como indivíduo; mostram-se associados a componentes depressivos, paranóides*

Capítulo 10. Família e Drogadição

ou sociopáticos. Esses traços de personalidade dos pais se repetem nos filhos (Rezende, 1997, p. 53).

As famílias estudadas por Rezende (1997) apresentam dificuldade de diferenciação, separação e individuação, vínculos simbióticos, conflitos na comunicação, rigidez nos papéis de marido e esposa – numa tentativa de mascarar a cisão entre relacionamento amoroso e atração sexual –, a figura paterna é fraca e a materna forte, a comunicação entre pais e filhos é feita por meio de objetos materiais, de normas e papéis rígidos.

A literatura destaca certos padrões repetitivos nestas famílias:

- não suportam pensar e a ação substitui o pensamento;
- o contato com a realidade é muito doloroso e, portanto, a reação impulsiva os protege de tal vivência;
- se sentem incapazes de lidar com frustração e buscam intensamente a satisfação;
- tomam decisões e logo as abandonam, não suportam restrições e negações por muito tempo;
- a descoberta do uso de drogas, por parte da família, geralmente demora a acontecer; ela nega e minimiza a situação para não se sentir ameaçada a ter que efetuar mudanças;
- a relação entre pais e filhos geralmente é conflituosa e marcada pela ausência do pai;
- a educação dos filhos é permissiva e a fragilidade paterna não permite ao jovem encontrar uma fonte de identificação sólida para a formação de sua identidade;
- a figura materna é forte e a discriminação mãe-filho é precária, ocorrendo uma fusão e uma indiferenciação; a separação é vista como destrutiva, traição ou abandono, e a depressão da mãe se evidencia;
- a droga age como uma pseudodiferenciação, em que o drogadicto se distancia dos pais mas, ao mesmo tempo, permanece dependente dos mesmos – nesses casos é muito comum observarmos o entusiasmo da família no início da re-

cuperação do drogadicto, porém, em seguida, a mãe entra em um processo depressivo, podendo gerar sentimento de culpa no toxicômano por estar se diferenciando; a terapia nesse momento colabora para que não haja uma reincidência ao uso.

Kalina (Kalina et al, 1999) ressalta os pactos perversos estabelecidos entre os membros das famílias adictas. São perversos porque seus objetivos não são os que se explicitam, mas sim outros, ocultos. Segundo esse autor, os pais se mantêm juntos a qualquer custo. O drogadicto, fazendo uso da droga, desfocaliza os problemas conjugais, mantendo os pais juntos sem de fato estarem. A mãe apresenta-se depressiva e regula sua auto-estima pelo outro, o filho passa a ser "seu antidepressivo", sua droga, e existe para suprir suas necessidades, o seu vazio. O pai se torna uma figura periférica e faz "vista grossa" ao vínculo simbiótico estabelecido entre mãe e filho. Este filho vive um microabandono, pois seus pais não se encontram disponíveis para atender às suas necessidades, mas é ele quem supre as necessidades parentais. O não dito, os segredos familiares, a mentira, a falta de consistência e de valor das palavras, o duplo vínculo, as manipulações, a falta de limites e a negação caracterizam estas relações. O adicto é o "eleito", o "bode expiatório" e seu destino é ser um ser para a mãe. Não pode ter identidade própria e deve se sacrificar para manter a homeostase familiar, mesmo que o custo disso seja a própria vida. Diante disso, o tratamento pode ser uma ameaça, não uma solução.

Roig (em Kalina, 1999), discorre sobre a dependência química feminina. Nesses casos, a mãe passa a ser uma figura que se mantém à margem da relação familiar. Pai e filha estabelecem uma relação tipo incestuosa, na qual os limites são ambíguos e os papéis invertidos. Muitas vezes a mãe assume uma figura forte, porém "entrega" a filha ao pai, a fim de não lhe ser exigido cumprir o papel de esposa. Dessa maneira, o pacto perverso se instala nas relações. A droga é o instrumento necessário para aliviar a angústia gerada nesse cenário inter-relacional.

Capítulo 10. Família e Drogadição

Bergeret (1991) também procura estabelecer alguns padrões que podem se repetir nas famílias de toxicômanos. Concorda com os demais autores ao salientar a extraordinária densidade estabelecida nas relações parentais do dependente de drogas. Chama a atenção para a incidência de episódios psiquiátricos nos pais dos drogadictos.

> *Em cinqüenta por cento dos casos, os pais apresentam estados depressivos, às vezes com tentativa de suicídio, sintomatologias neuróticas graves, alcoolismo, dependência de outras drogas, superconsumo de psicotrópicos, assim como condutas de automedicação. Os psicotrópicos se inserem precocemente no sistema de comunicação familiar e acabam agindo como reguladores de conflitos. Certos pais apresentam afecções somáticas severas, tais como infarto e câncer, podendo levar a óbitos precoces. Existem notáveis correspondências entre a cronologia das doenças orgânicas dos pais e dos avós e as vicissitudes do percurso do jovem toxicômano* (Bergeret et al., 1991, p. 270).

Bergeret cita ainda o conceito dos mitos familiares, elaborado por Ferreira e J. Byng-Hall. Descreve o mito "como um discurso unitário, destinado a cada um dos membros da família, papéis rígidos cuja definição é mutuamente aceita" (1991, p. 271). Os mitos familiares equivalem aos mecanismos de defesa individuais e qualquer questionamento é vivido como uma ameaça para o equilíbrio do sistema familiar. "O mito da boa convivência familiar": essas famílias estarão tentando provar que seu funcionamento é perfeito e que o problema da drogadição se estabeleceu em decorrências externas (más companhias, por exemplo). Defendem-se da culpa e da responsabilidade diante da situação. "O mito do perdão, da expiação e da salvação": o toxicômano assume a culpa de toda a família. Essa posição alivia os membros, trás certos benefícios e alicerça todo o sistema. Se o drogadicto entra em recuperação e sai dessa posição, o sistema se rompe.

Valéria Rocha Brasil

Um olhar sistêmico no tratamento de famílias com membros drogadictos

Na minha opinião, para tratar dessas famílias faz-se necessário ter claro que a drogadição é um fenômeno multifatorial, portanto existem questões orgânicas, psicológicas, socioculturais e familiares, com seus valores espirituais, crenças e outros aspectos que se interinfluenciam. Portanto o tratamento deve levar em consideração a totalidade do fenômeno, caso contrário pode-se tornar parcial. Considerando a dificuldade de um profissional conseguir abarcar todos estes aspectos sozinho, vale ressaltar a importância do trabalho inter ou transdisciplinar. A rede social é também fundamental no tratamento. O profissional deve conhecer os recursos da comunidade e lançar mão deles informando e encaminhando as famílias atendidas. Outra noção relevante é a de que não existe o tratamento ideal para o dependente de drogas, isto é, existe o melhor tratamento para um determinado caso, em um momento específico. Já ouvi de diversas pessoas que não internam seus pacientes em comunidades terapêuticas ou não concordam com Alcoólicos Anônimos, ou ainda que jamais trabalhariam com redução de danos. Pela minha experiência, alguns casos atingem uma recuperação qualitativamente boa a partir de técnicas de redução de danos, outros atingem o "sucesso" em comunidades terapêuticas, e assim por diante. Compartilho do mesmo pensamento no trabalho com a família. Não são em todos os casos que atendo a família toda desde o início. Algumas vezes começo o tratamento apenas caracterizando uma orientação com os pais; em outros momentos as reuniões multifamiliares são bastante indicadas; em certos casos o trabalho com os sub-sistemas separadamente é mais eficaz. Enfim, ao iniciar um trabalho com o dependente químico e a sua família é imprescindível uma avaliação inicial criteriosa, afim de posteriormente se construir juntamente com o sistema familiar o caminho mais adequado para o momento do caso em questão. Nessa avaliação, procuro trabalhar alguns aspectos que julgo relevantes:

202 Capítulo 10. Família e Drogadição

- acolhimento inicial: é comum as famílias chegarem à clínica vivendo um estresse emocional intenso e uma desesperança por causa da situação. Diante disso, é necessário criar um espaço de compreensão e dar um "colo", resgatando a confiança de que é possível encontrar um caminho mais confortável para todos;
- o pedido de ajuda: identificar quem está pedindo ajuda colabora para definir qual a "porta que está se abrindo para o tratamento", ou seja, se são os pais que estão solicitando ajuda, e o filho dependente não quer saber do tratamento, o melhor caminho no momento pode ser uma orientação de pais, no início;
- o encaminhamento: saber quem encaminhou o caso é relevante pois ajuda a saber com quem devo trabalhar em conjunto e se o encaminhador tem dados relevantes sobre o caso para passar;
- a história: o levantamento histórico minucioso do caso possibilita obter um panorama geral da situação, dos envolvidos, das inter-relações que vêm se estabelecendo, do contexto e do processo;
- relações envolvidas: esse item faz parte da história, porém detalha mais a configuração do sistema que se organizou em torno do problema;
- motivação: o grau de motivação e para que estão motivados os membros envolvidos é fundamental, pois algumas famílias estão empenhadas não a se tratarem, mas mandarem o dependente de drogas para o tratamento; isso me ajuda a verificar como poderei sensibilizar as pessoas para iniciarem o processo de trabalho;
- orientações básicas: muitas vezes, oferecer informações básicas para a família sobre o fenômeno no qual está inserida, a ajuda a dar um significado para certas situações vividas nas quais todos se sentiam perdidos. Por exemplo, informar sobre o delírio de ciúmes, conseqüente da intoxicação pelo álcool, à esposa – cujo marido ao beber ficava extremamente enciumado, mesmo que ela se esforçasse para não lhe dar motivos – é de fundamental importância para ajudá-la a compreender e, posteriormente, lidar de forma diferente com a situação;

Valéria Rocha Brasil

- construção do tratamento: definir as diretrizes e os passos iniciais do tratamento após terminar todas as entrevistas oferece segurança para a família, pois o caminho deixa de ser tão desconhecido e, portanto, ameaçador.

Várias são as técnicas e posturas terapêuticas utilizadas nos tratamentos. O importante é o envolvimento da família e a postura atuante e criativa do terapeuta. Entendo que este deve transitar entre a postura do não saber, isto é, se despir momentaneamente das pré-concepções para desenvolver uma genuína compreensão do contexto e demanda familiar e, posteriormente, assumir uma postura estratégica de *expert* para orientar e alicerçar a família durante, pelo menos, o início do processo terapêutico.

Stanton e Todd (1991), trabalham sob um enfoque que chamam estrutural-estratégico. Aplicam a teoria estrutural de Minuchin como paradigma orientador, trabalhando dentro das sessões técnicas estruturais, como a verificação de limites, a reestruturação e outras. Aplicam o modelo estratégico de Haley enquanto ênfase em um plano específico de trabalho, acontecimentos extra-sessões, mudança de sintomas, colaboração entre o sistema e outras.

Enfocam, inicialmente, a tríade estabelecida entre o adicto e seus pais ou substitutos. À medida que a diferenciação entre o toxicômano e sua família de origem vai ocorrendo, passa-se para outras etapas de tratamento. Não se utilizam técnicas confrontativas para vincular melhor a família. Procuram desarmar e reduzir as resistências da família, explicitando o mesmo comportamento adicto nas gerações anteriores. Isso minimiza a intensa culpa comumente vivida por essas famílias. As dificuldades enfrentadas pelo sistema não são tratadas de modo pejorativo e as intervenções são diretas e pragmáticas. São estabelecidas metas e prioridades, concretas e de possível alcance à terapia, em conjunto com a família; sendo a abstinência de drogas uma das etapas principais, em um primeiro momento. Cuidam para não desfocalizar tais metas e procuram evoluir passo a passo com todos. Visam a identificar as seqüências de condutas e suas funções no sistema para, posteriormente, alterá-

204 Capítulo 10. Família e Drogadição

las. Esses autores salientam o quanto as famílias se organizam ao redor da crise. Quando se inicia um processo de mudança, surge uma crise e um grande medo diante da situação. Nesse momento, é muito importante a condução adequada da terapia, para que não haja desistência.

Sudbrack enfatiza em seu trabalho o enfoque sistêmico construtivista no tratamento das famílias:

> *Busca visualizar a cristalização das relações de dependência em seus diferentes níveis, identificando e agindo sobre as estruturas disfuncionais que denomina sistemas aditivos. As perguntas que se colocam para a família são as seguintes: Quem é dependente? De quem? Em que? Como se revelam e como se caracterizam as dependências relacionadas na família? Quem ganha e quem perde com as dependências? Qual o preço para si e para os outros de permanecer na condição de dependência nesta família?* (1996, p. 407)

Steinglass, Bennett, Wolin e Reiss (1997) dividem a terapia familiar de pacientes que apresentam um quadro de alcoolismo em quatro etapas importantes:

1) Diagnóstico de alcoolismo e sua definição como problema da família. Consiste em identificar se a família se estruturou em torno do alcoolismo, se o alcoolismo é a prioridade do tratamento, se é possível determinar um contrato de tratamento aceitável.

2) Eliminar o álcool do sistema familiar. Se for o caso, interna-se o alcoolista.

3) Trabalhar o vazio que pode ocorrer com a ausência da droga na família.

4) Reorganizar a família. Reestruturar o sistema, os papéis e as relações.

Carter, McGoldrick e colaboradores (1995) sugerem trabalhar as seguintes questões no tratamento de famílias com o problema do alcoolismo:

Valéria Rocha Brasil

- avaliar os comportamentos que mantêm o beber;
- verificar se é um beber precoce ou tardio;
- identificar a influência intergeracional do alcoolismo na família;
- considerar em que estágio do ciclo de vida está o indivíduo que bebe e a família, e a que geração este indivíduo pertence na família (pai, avô, filho);
- quanto tempo de alcoolismo existe até a busca de tratamento;
- em que estágio do alcoolismo está o sujeito em questão;
- em que fase de ajustamento em relação ao alcoolismo se encontra a família;
- orientar didaticamente a família com relação ao alcoolismo e tudo que implica essa questão;
- abrir a discussão sobre a questão e orientar sobre os recursos de apoio oferecidos pela comunidade;
- identificar quando o beber passou a ser um problema para a família, entender a dinâmica familiar diante disso e as reações e os papéis assumidos por cada um de seus membros;
- estar atento às necessidades médicas do alcoolista e se necessário efetuar os encaminhamentos adequados.

Dividem todo o tratamento em três fases distintas:

1) fase da pré-sobriedade: implica em trabalhar a negação, ajudar o alcoolista a chegar a abstinência e reverter os padrões de super e sub-responsabilidade;

2) ajustamento à sobriedade: este é o momento de reverter o foco para os demais da família trabalhando as relações que se estabelecem no sistema;

3) manutenção da sobriedade: promove-se uma maior flexibilidade de funcionamento, de papéis, e permite à família a expressão de sentimentos ou comportamentos que antes não podiam ser vistos.

Minha experiência clínica me faz corroborar a idéia de que muitas famílias de dependentes de drogas se beneficiam muito de tratamentos mais diretivos em que se trabalham também questões pragmáticas, didáticas e metas que permitam à família concretizar o processo terapêutico.

Apesar de não ser possível determinar apenas um tipo eficaz de tratamento, faz-se necessária a instrumentalização teórica e prática do terapeuta com relação às questões que envolvem a dependência química, desde o conhecimento dos efeitos das drogas no organismo até as relações familiares. Esses conhecimentos não devem ser utilizados como motivadores de pré-concepções e enquadramento de todos os casos, mas sim como um "corpo" teórico que pode nortear a prática clínica.

As famílias que não passam por um tratamento, podem colaborar para a manutenção de uma estrutura adicta de funcionamento, dificultando a recuperação do dependente de drogas. Hoje são poucos os tratamentos que não compartilham dessa idéia e não procuram envolver e trabalhar todos os membros da família, seja em terapia familiar ou multifamiliar.

Considerações finais

O olhar sistêmico para o fenômeno da drogadição possibilitou perceber que não há vilões ou vítimas nessas histórias de família, mas sim uma influência conjunta ao longo de todo o processo e, portanto, uma co-responsabilidade no tratamento.

Nós terapeutas não devemos querer definir e enquadrar as famílias em perfis específicos, visto que há uma infinidade de organizações familiares na dependência química, porém, vale conhecer, e não negar, a existência de certos padrões de repetição importantes.

Ter a flexibilidade de trabalhar em equipe e em rede social, bem como, ser humilde o bastante para aceitar que não somos os "salvadores da pátria", apesar de algumas famílias tentarem nos colocar nessa posição, facilita muito o trabalho.

Outro aspecto relevante desse fenômeno é perceber que muitas vezes o impacto da drogadição nas famílias é tão intenso quanto o impacto da recuperação. Em minha prática clínica já presenciei casos em que após a internação do drogadicto, tão esperada pela família, observei que o familiar passou a sofrer com a ausência do drogadicto tanto quanto o toxicômano sofria com a ausência da droga durante o processo de desintoxicação. Era como se a família entrasse em síndrome de abstinência do drogadicto. Ambos estavam se desintoxicando, só que um estava na clínica e o outro (no caso a família) ficava em casa.

Porém minha experiência mostra que quando a família entra em tratamento, passa de uma condição de sistema de boicote, para uma mudança significativa, assumindo uma postura de colaboração e apoio muito importante na recuperação do drogadicto.

Bibliografia

ANDRADE, A. G.; NICASTRI, S.; TONGUE, E. et al. *Drogas: atualizações em prevenção e tratamento. Curso de treinamento em drogas para países africanos de língua portuguesa. S.l.* São Paulo, Lemos, 1992.

ARICÓ, C. R. & BETTARELLO, S. V. "Drogas: perigos e preconceitos". *Rev. Lucy de Fátima Guello dos Santos.* São Paulo, Ícone, 1988.

BERG, I. K.; MILLER, S. D. *Trabajando con el problema del alcohol: orientaciones y sugerencias para la terapia breve de familia.* Trad. Ofelia Castillo (Col. Terapia familiar). Barcelona, Gedisa, 1996.

BERGERET, J.; LEBLANC, J. et al. *Toxicomanias: uma visão multidisciplinar.* Trad. Maria Teresa Baptista. Porto Alegre, Artes Médicas, 1991.

CARTER, B.; MGOLDRICK, M. et al. *As mudanças no ciclo de vida familiar: uma estrutura para a terapia familiar.* Trad. Maria Adriana Veríssimo Veronese. Porto Alegre, Artes Médicas, 1995, 2ª ed. ver.

CERVENY, C. M. O.; BERTHOUD, C. M. E. et al. *Família e ciclo vital: nossa realidade em pesquisa.* São Paulo, Casa do Psicólogo, 1997.

COSTA LEITE, M.; ANDRADE, A. G. et al. *Cocaína e crack: dos fundamentos ao tratamento.* Porto Alegre, Artmed, 1999.

Capítulo 10. Família e Drogadição

EDWARDS, G. *O tratamento do alcoolismo*. Trad. José Manuel Bertolote. São Paulo, Martins Fontes, 1987.

—————; DARE, C. et al. *Psicoterapia e tratamento de adições*. Trad. Maria Adriana Veríssimo Veronese. Porto Alegre, Artes Médicas, 1997.

—————; MALCOLM L. et al. *A natureza da dependência de drogas*. Trad. Rose Eliane Starosta. Porto Alegre, Artes Médicas, 1994.

GITLOW, S. E., PEYSER, H. S. et al.. *Alcoolismo: um guia prático de tratamento*. Trad. Beatriz Costa Pinto Zonari. Porto Alegre, Artes Médicas, 1991.

HEMFELT, R.; MINIRTH, F.; MEIER, P. *O amor é uma escolha: recuperação para relacionamentos co-dependentes*. Trad. Claudia Hoelck Laplan. Rio de Janeiro, Grandalfo Editores, 1989.

KALINA, E. et al. *Drogadição hoje: indivíduo, família e sociedade*. Porto Alegre, Artmed, 1999.

LARANJEIRA, R. "Bases para uma política de tratamento dos problemas relacionados ao álcool e outras drogas no Estado de São Paulo". *Jornal brasileiro de psiquiatria, 45*, s.l. (4), 191-199, abril, 1996.

—————; JUNGERMAN, F.; DUNN, J. *Drogas: maconha, cocaína e crack*. São Paulo, Contexto, 1998.

OLIEVENSTEIN, C. et al. *A clínica do toxicômano: a falta da falta*. Trad. Francisco Franke Settineri. Porto Alegre, Artes Médicas, 1990.

PATRÍCIO, L. D. B. et al. *Face à droga: como (re)agir?* (Col. Projecto Vida) Lisboa, SPTT (Serviço de Prevenção e Tratamento de Toxicomania), 1997.

PAULA RAMOS, S.; BERTOLOTE, J. M. et al. *Alcoolismo hoje*. Porto Alegre, Artes Médicas, 1990, 2ª ed. rev. e ampl.

REZENDE, M. M. (1997). *Curto-circuito familiar e drogas: análise de relações familiares e suas implicações na farmacodependência*. Taubaté, Cabral Editora Universitária, 2ª ed. rev.

SEIBEL, S. D.; TOSCANO Jr., A. et al. *Dependência de drogas*. São Paulo, Ed. Atheneu, 2001.

SILVA, E. A. "Abordagens Familiares". *Jornal brasileiro de dependências químicas, 2* (1) 21-24. São Paulo, ABAD, junho, 2001.

Valéria Rocha Brasil

STANTON, M. D., TODD, T. et al. *Terapia familiar del abuso y adicción a las drogas*. (Col. Terapia familiar) Buenos Aires, Gedisa, 1991.

STEINGLASS, T. et al. *La familia alcohólica*. Trad. Floreal Mazía. Barcelona: Gedisa, 1997, 3ª ed. rev.

SUDBRACK, M. F. O. "Construindo redes sociais: metodologia de prevenção à drogadição e à marginalização de adolescentes de famílias de baixa renda". In: MACEDO, R. M. S. *Família e comunidade*. Associação Nacional de Pesquisa e Pós-Graduação em Psicologia. v. 1. São Paulo, dez., 1996.

VAILLANT, G. E. *A história natural do alcoolismo revisitada*. Trad. Bartira S. C. da Cunha e José Alaor L. dos Santos. Porto Alegre, Artes Médicas, 1999.

VASCONCELLOS, M. J. E. *Terapia familiar sistêmica: bases cibernéticas*. Campinas, Editorial Psy, 1995.

WIEVIORKA, S. "Les toxicomanes: entreprise de risque et réduction des risques". *Psychotropes: revue internationale des toxicomanies*, 2 97-103, Paris, juin, 1996.

Impresso por :

gráfica e editora

Tel.:11 2769-9056